JN198969

家庭で作れる
南インドの
カレーとスパイス料理

香取薫
Kaoru Katori

河出書房新社

1章 🌶 香り豊かな野菜のおかず

もくじ

2章 🌿 南インドの主役、カレー料理

本書をお使いになる前に
大さじ1は15㎖、
小さじ1は5㎖、
1カップは200㎖を
基準としています。

南インド料理の魅力

香取 薫

ケーララ州の州都、ティルヴァナンタプラムの海岸。

南インド料理との出会い

「国際青年年」の1985年、私はインドのオディシャー州のボランティアキャンプで働いていました。世界各国から学生が集まり、遺跡の周囲の整地と植樹を行っていたのです。ここで私はインドの家庭料理に目覚め、三度三度のインド料理に大喜びしていました。ところが、西洋食文化圏のドイツやニュージーランドの人たちは「朝からカレー料理はもうやめて」と音をあげ、以来、朝ご飯がトーストと玉子に……。

すると、悲しむ私を見て世話役のおじさんたちが、私にだけインド式朝ご飯を買ってきてくれたのです。朝食のテイクアウトは、どの街にも必ず一軒はある南インド料理店の独壇場。当時も、南インドの軽食ティファンはインドじゅうで愛されていました。

今思うと、油の染みた新聞紙から出てきたのは揚げたてのワダ（p66）やマサラドーサ（p62）。白く辛くそして夢のようにおいしいココナッツのチャトニ（p69）をつけ、「私の知っているカレー」ではない赤

い汁（サーンバール p33）をかけ、その味に23歳の私は夢中になりました。

ある朝です。「ねえカオル、ちょっとちょうだい」ドイツ人のマーギットがマサラドーサをひと口。そして「なにこれ、おいしいっ！」と大絶叫し、翌朝一同はそろって南インド料理店へ。

カレー味のポテトは食べないだろうと、ドーサの皮だけを注文した世話役のおじさんは「中身が入ってない！」という大ブーイングを受けて、ポテトを追加する羽目になりました。忘れられない思い出です。

本書では、そんな南インド料理の魅力あふれる味と香り、一度体験すると忘れられなくなるおいしさを、心を込めてお届けします。

気候と風土

広大なインド全土の中で、南インドは三角に南へ向かって突き出しているその先端部。6つの州で構成されています。ヒマラヤの寒い風がおりて来る北インドから亜熱帯を通り越し熱帯へ。西はアラビア海、東はベンガル湾と海岸線も長く、内陸のデカン高原から海へ向かって、大河とその支流が流れていきます。

この命の水と気候が豊かな米作を可能とし、ココナッツやスパイスなどの植物を実らせ、独自の食文化を作ってきたのです。

また、マラバール海岸と呼ばれるアラビア海沿いは、大航海時代にスパイスを求めたヨーロッパからの船が、長い航海を終えて辿り着いた土地です。すでに、喜望峰を回るルートを得ていたヴァスコ・ダ・ガマをはじめ、列強の国々は競ってスパイスを求めて南インドを目指しました。このときの主役は、金と同じ値段で取引されたというこしょう。それまでは塩で肉

アフガニスタン
中華人民共和国
パキスタン
ブータン
●デリー
ネパール
●ベナレス
ミャンマー
インド
テランガーナ州
●ムンバイ
コルカタ
アラビア海
バングラデシュ
●ハイダラーバード
ゴア州
アーンドラ・プラデーシュ州
カルナータカ州
バンガロール ●
●チェンナイ
ベンガル湾
ケーララ州
タミル・ナードゥ州
スリランカ
南インド 6 州

を食べていた人々がこしょうを知ったのは、まさに食の大革命だったことでしょう。

南インド料理の特徴

❖ 主食は米

北インドでは小麦が主食なのに対し、南インドは米が主食。河川が多く水が豊富で、稲作が盛んです。二期作、三期作が可能な地域もあり、米の食文化が発達しています。

❖ 調理時間が短い

北インドよりさらに暑い気候のため、調理時間の短い料理が主流。煮詰めたり炒め続けることによって味を出すのではなく、スパイスの香りを生かし、辛みで食欲を誘います。さっと炒め合わせたり煮合わせるような調理法が発達しています。

❖ 菜食中心

南インドの気候では動物性の脂肪を摂るとどうしても体が熱くなるので、肉食よりも菜食の割合が多いのです。

❖ ビーフやポークなども

一方で、ハイダラーバードなどのようにイスラームによるノンベジタリアン文化が発達していたり、ケーララ州のようにキリスト教徒がベジに縛られずビーフやポークを食するなど、他の地方にはあまり見られない肉食文化も盛んです。

❖ ココナッツオイルを使用

バターやギーなどの動物性油脂を多く使う北インドに比べ、南インド、特にケーララ州では、ココナッツオイルやココナッツミルクを多用します。

❖ カレーリーフやタマリンドを使用

南インド料理では、さわやかな香りをもつハーブ、カレーリーフを多用します。ほとんどの家庭にカレー

供物をもつ著者。タミル・ナードゥ州マドゥライのミナークシ寺院で。

リーフの木が植えられているほどです。また、タマリンドの酸味も特徴のひとつ。暑さの中で、食欲を増進させる効果があります。

❖ 軽食ティファンが充実

朝食や間食、テイクアウトなどに、ティファンがとても充実しているのも南インドの特徴です。米や豆で作られるドーサや、イドゥリという蒸しパン、お好み焼きのようなウータパム（p62）など、気軽に食べられる軽食として親しまれています。

家族の健康を守る野菜料理

宗教上のタブーのない地域では肉食も盛んな南インドですが、家庭の日常の食卓はやはり野菜が中心。南インドが菜食パラダイスと言われる所以です。お母さんたちは家族の健康を守るために、様々なスパイスを使った野菜料理を毎日作ります。

❖ お母さんの野菜炒め、ポリヤル

まずは基本的な料理のポリヤル。日本でも野菜炒めに正式な定義などがないのと同じで、南インドでも、野菜をマスタードシードと油でさっと炒めればそれでもうポリヤル。ただし油に入るのはマスタードシードで、地中海原産のクミンではありません。おそらくこれを入れると殺菌効果が高いからなのだと思います。香りはカレーリーフが担当し、ココナッツを入れるといっそうおいしく。

さらに、スパイスがふんだんに使われるマサラポリヤル（p20）になると、まさに味の芸術。クミンやコ

上／市場で売られているココナッツ。右／南インドのほとんどの家庭で使われているココナッツ削り。

ケーララ州南部、パーライの町で。

ケーララ州の魚屋さんで。

タミル・ナードゥ州の古都、カーンチープラムのエーカンバルナータ寺院で。

リアンダーのセリ科スパイスも入ります。ということで私はマサラポリヤルは後世に生まれてきたぜいたく調理法と考えています。

また、ポリヤルの変化形として、ケーララ州でトーレンと呼ばれる料理があります。ケーララの南部の伝統的な作り方は、切った野菜をココナッツだけでなく、にんにくやしょうがやご当地産のこしょうなどを混ぜて10〜15分、味を染み込ませておいてから、素早く油で炒めます。

南へ行けば行くほど、食欲増進のスタミナ食としてにんにくやしょうがを使います。それらは本来体を温めるスパイスなのに、なぜ南へ行くほど多く使うのでしょう。外気があまりに暑いと熱は表皮や頭部に集まり、消化器内の温度が下がります。消化のために熱を内臓に戻す。これがアーユルヴェーダ的な私の考察です。本書ではにんじんを使ったレシピを紹介します。

❖ お母さんの野菜煮、クゥートゥ

野菜を煮て豆と混ぜると、伝統的な普段のおかず、クゥートゥになります。具（野菜）がたっぷり、青唐辛子も入る、タミルが起源の料理です。とても家庭料

チェッティナードゥマンションと呼ばれる豪華な邸宅。

理らしい、そして南インドらしい料理で、同じものをケーララで作ると、イェリシェリと呼ばれる、ややさっぱり味の料理となります。ざっくりした分類では、豆が入らず、グレイビー*でもっと味の濃いものをコランブ（カレー）と総称していいかもしれません。

このように、南インドの料理の名称や作り方は地域によってまちまちです。本書では、できる限り古い時代のオリジナルを調べ、整理したつもりですが、まだまだ地域によってのバリエーションがあることと思います。

*インドではカレー料理などのとろみのある汁をグレイビーと呼ぶ。

特筆すべき豪華な味、
チェッティナードゥ料理

家庭でのシンプルな野菜のおかずに対して、豪華な料理の話です。タミル・ナードゥ州にはチェッティナードゥ料理という、世界中のグルメあこがれのカテゴリーがあります。

チェッティヤールと呼ばれる商業カーストに属する人々は、主に金融業者として世界を渡り歩き、成功を収めました。しかし外国に出て行く夫の留守を豪邸の重い扉の中で待つ妻たちは、グルメが唯一の楽しみ。豊富な財力があり手間も惜しまない、遠方の商い先や海外との接触が多い、高価で珍しい食材が手に入る、ベジタリアンではない。そんな女性たちが優秀な頭脳で生み出したレシピが、チェッティナードゥ料理なのです。

同じインドの料理でも、チェッティナードゥの人たちのレシピには驚くような工夫があり、ものすごくおいしいということに気づいた私は夢中になりました。それは、煮るときにかき混ぜないというタブーであったり、20分でできるグラインドを2時間以上し続け

ミールスの例

チキンコランブ（チキンカレー p46）

ダール（豆カレー p39）

ラサム（酸味スープ p36）

ポリヤル（野菜のスパイス炒め p16）

バターミルク（p78）

湯取り法で炊いたライス（p70）

ポディ（ふりかけ p31）

メドゥワダ（豆ペーストフライ p66）

チャトニ（p69）

ることから得られる滑らかさであったり、思いがけないスパイスをここで使うか！という組み合わせであったり。でも、そのどれもが目から鱗な素晴らしさ。

本書でもいくつかを紹介していますので、ぜひお試しください。

食堂の定食、ミールス

ミールスとは、南インドのレストランで出される定食のことです。町なかの気軽な食堂では、昼どきになると「Meals Ready（定食準備できています）」という看板が出されます。メニューはその店のおすすめが日替わりで組まれ、ベジとノンベジが選べる店も。

お店に座ると、まず目の前に広げられるのは、お盆のような皿またはバナナの葉。その上に、店員さんがライスやカレーや漬けものなどをどんどん盛りつけていくという、楽しさ満点の食事です。基本的には食べ放題なので、手でライスに混ぜる、かける、合間につまむ、と食べていって、お代わりしたいものを催促したり……混ぜるたびに変化する味を楽しむことができます。

インド料理は、じつは献立の立て方がとてもむずかしいのです。ミールスは、この献立作りを学ぶ機会に

もなる、おすすめの食事です。

＊

「インドのことは、これはこうだと決めつけたとたんに間違いになる」私がいつも肝に銘じていることです。どんなに調べても、州や宗教ごとに違う解釈やルールに悩まされ混乱します。

南インドでの料理修業をはじめて20年経ちました。その間、多くの方々にお世話になりました。ときには一流ホテル、ときにはアーユルヴェーダの病院、ドクターのご自宅から料理家さんのキッチン、お手伝いさんの家など、泊まり歩いては様々なことを教えていただきました。

日本の気候では、辛さが香りや味に勝ってはフレーバーが楽しめないと考え、辛みは控えてあります。辛み好きの方はどうぞレッドペッパーや青唐辛子、こしょうやしょうがの量で調整してください。

女性の髪に揺れるジャスミンの、はっとするような甘い香り、台所から立ちのぼるココナッツオイルの白い煙、寺院のゴープラム（尖塔）を埋め尽くす表情豊かな極彩色の神々──背景にそんな南インドのイメージが感じられるような料理を、日本の食卓にお届けできれば最高の幸せです。

料理をはじめる前に

❶ 油について

レシピに「油」とあるものは、ひまわり油、なたね油、サラダ油など、ふだん使っている油をお使いください。ただし、オリーブ油は用いません。ココナッツオイル、太白ごま油、ギー（p37参照）と指定しているものについては、手に入る範囲内で使用してください。

ココナッツオイルは冬は常温では固まります。口の狭いボトル入りのものは、溶けた状態で広口のびんに移し替えると、冬も使いやすいです。熱すると泡と煙が多く出る性質があるので、はじめは驚くかもしれませんが、この油の特性です。ギーが主体の料理以外は、仕上げにココナッツオイルをひとたらしすると香りもよくおいしくなるので、レシピに書いていない場合もお試しください（ココナッツオイルの効用についてはp14参照）。

❷ ココナッツミルクの使い方

ココナッツミルクは、缶詰をそのまま使うか、ココナッツミルクパウダーを湯で溶いて用います。たくさん使うときは缶詰が便利ですが、少量だけ使う場合はパウダーの方が経済的です。この本では、レシピごとに併記しているので、使い勝手のよい方を選んでください。

❸ カレーリーフについて

南インド料理に欠かせないハーブです。エスニック食材店などでドライの葉が手に入りますが、インターネットで苗を買うことができるので、一鉢育てることをおすすめします。苗が小さいうちは冬に葉が落ちますが、室内の明るい場所で越冬させます。剪定は冬のうちに。春の前に肥料を与えるとよく茂り、3年ほどで実がつき、種も採れます。大きめの鉢に入れ、樹高が50㎝を越えたら地植えも可能です。生の葉は冷凍もでき、凍ったまま使えます。

ドライの葉を使うときは、分量をやや多めにします。生の葉を油でパリッと炒めたものを保存することもできます。密閉容器に入れて、冷蔵庫で2週間ほど保存が可能。カレーリーフが入手できないときは、省略して構いません。

❹ タマリンドの扱い方

●タマリンドペースト

●タマリンドウォーター

　タマリンドは熱帯地方の酸味のある果実です。果肉を固めたブロックがエスニック食材店などで入手できます。種やすじを除いてそのまま使うこともできますが、ぬるま湯でふやかしてから手でもんでやわらかくしたものをざるで漉し、タマリンドペーストにすると使いやすいです。サーンバールなど、料理によっては、野菜をゆでるときに、ざるにタマリンドを入れて一緒に火にかけてやわらかくし、スプーンでしごくのも簡単な方法です。フィリピンやタイのタマリンドで色が薄く甘い品種のものがありますが、インド料理には向かないので、色が濃く酸っぱいものを選んで使ってください。

　本書では、果肉を約4倍量のぬるま湯に15分ほど浸してもみ、ざるで漉したものをタマリンドペーストと表記しています。また、果肉を多めのぬるま湯で溶いて、そのまま飲めるくらいの酸っぱさにしたものをタマリンドウォーターとしています。どちらも、料理に合う濃度で用いてください。

1　タマリンドをぬるま湯でふやかす。

2　手でもんで、やわらかくする。

3　種やすじをざるで漉して用いる。

❺ トゥールダールのゆで方

　南インド料理でよく使う豆がトゥールダール（キマメのひき割り。p14参照）です。ゆでるのに時間がかかるので、あらかじめゆでておき、小分けにして冷凍しておくと便利です。南インドの家庭では冷蔵庫の普及とともに、数日分のトゥールダールを圧力鍋でゆでて、密閉容器で冷蔵保存するのが一般的になりました。普通の鍋と圧力鍋を使う場合の、ふた通りの方法を紹介します。いずれもトゥールダール1カップにつき、ターメリック小さじ¼と油ひとたらしを入れて火にかけます。

　本書では鍋か圧力鍋、どちらかの方法でゆでた豆を計量したレシピになっています。ゆで上がった豆の状態は、好みによって、豆の粒感を残す場合と、よく攪拌してなめらかにする場合がありますが、どちらでも構いません。日本で小豆の粒あんと漉しあんに好みがあるのと、似ているかもしれません。

　トゥールダールはサーンバールやラサムといったスープ状のカレーにとろみをつける効果があります。さらに南インドでは、多めの水で豆をゆで、沈殿するのを待ち、ゆで汁の上澄みをサーンバールなどのカレーに、水の代わりに日常的に使っています。豆のゆで汁独特のうまみを生かした賢い方法です。

● 鍋でゆでる場合 **●圧力鍋でゆでる場合**

トゥールダールをさっと洗って、豆の4倍量の水に6時間以上浸水させるか、熱湯に30分つけてから、ターメリックと油を加え、弱火で50分ほど火にかける。水分が減ってくると焦げやすくなるので注意する。様子をみて差し水をしてもよい。

1 トゥールダールをさっと洗って、豆の2.5倍の水に6時間以上浸水させるか、熱湯に30分つけてから水分ごとステンレス製のボウルに入れ、ターメリックと油を加える。水を3〜4cm入れた圧力鍋にボウルごと入れて、高圧にセットして火にかける。インドではボウルの代わりに、ステンレス製のふた付きの弁当箱が使われている。

2 圧がかかってから10分ほどで火が通る。やわらかくしたいときは13〜14分火にかける。

3 なめらかにしたいときはやわらかくゆでてから、泡立て器で混ぜる。

※ボウルはぐるりと底までアルミホイルで包んでから圧力鍋に入れると水と混ざらずきれいに茹でられる。

❻ 玉ねぎの切り方

南インドでよく見られる玉ねぎの切り方で、本書では2〜3cm長さの薄切りとしています。玉ねぎを縦半分に切ってから、大きい玉ねぎなら横に3等分、小さい玉ねぎなら2等分にし、繊維に沿って2〜3mm厚さの薄切りにします。

❼ スタータースパイスの扱い方

インド料理は多くのレシピで、スパイスやハーブに含まれる精油の香りや薬効を抽出して油に移すために、まず油でスパイスを熱します。このとき使うスパイスをスタータースパイスといいます。スタータースパイスは数種類あるのが普通で、ときにはスパイスだけでなく豆や香味野菜なども用います。それぞれの固さや大きさ、水分量が異なるため、ひとつひとつのスパイスや豆や香味野菜など

が確実に香りを出し、生でもなく焦げずに、香ばしく最大の効果が出ている状態を作るために、様子を見ながら加えることがとても大切です。

わずかながらも時間差をつけて加えていくので、あらかじめ計量したものを加える順に並べておくことで、あわてずに調理することができます。この本では、主材料と油以外はできるだけ使う順に書いています。p17の「ポリヤルの基本の

作り方」で詳しく解説していますので参照してください。

火加減は、強火と中火の間くらいですが、鍋の厚さや素材で違ってくるので、お使いの鍋で何度か試して加減してください。

さい。フッ素樹脂加工のフライパンは表面の非粘着性の特質から、油に入れたスパイスが上手にはじけにくいので、できればステンレスか鉄製（中華鍋も可）のものをお使いください。

❽ テンパリングについて

テンパリングはスパイス食文化独特の調理法です。成分を抽出し油に移すという意味あいから、上記のスタータースパイスなどでの料理のスタートの仕方もテンパリングといえます。

仕上げでのテンパリングは、油で炒めることによって、スパイス、にんにくやしょうが、玉ねぎなどの香りやうまみ、薬効などを抽出し、成分が油に移ったところで油ごと鍋の中にジュッとかけ入れます。インドではテンパリング専用のお玉のような小鍋があります。日本では小さなフライパンで代用しますが、大きいフライパンしかない場合は、それでも問題ありません。

テンパリングを上手にできるようになることが南インド料理ではとても大切なのでぜひマスターしてください。

仕上げのテンパリングの手順

1 前もってすべての材料を計り、入れる順に手元に並べておく。テンパリングをかける料理の鍋も近くに。熱くなるので柄の長いスプーンを用意する。

2 油を熱するときはスプーンで混ぜて温度を均一にする。油がこぼれて引火すると危ないので、油の入ったフライパンは絶対にふらないこと。

3 はじめのスパイスを入れたら、香りが出たか焦げすぎていないかを集中してよく見る。

4 しっかり香りが出て成分が抽出されたら次の材料を順に入れるが、もう少し火にかけたいのに、焦げそうなものがある場合は、後で加えるもので温度を下げてくれる素材（しょうがや玉ねぎなど）があればそれを少しだけ先に入れて温度を調整する。

5 何種類も入れるときは、後半は火の通りが早くなるので、ガスの火力は変えずに、フライパンの方を火から離したり、近づけて火加減を調節する。

●ケーララ式ベジタブルシチュー（p42）のテンパリング例

1　油とココナッツオイルを熱したところにマスタードシードを加えて熱し、はじけたら玉ねぎ、カレーリーフを順に加える。

2　玉ねぎにやや時間をかけて、香りやうまみを油に十分に移す。

3　カレーリーフが焦げる前に油ごと料理に加えて混ぜ、全体になじませる。

本書で使う 主な スパイスと食材

ブラウンマスタードシード

アブラナ科の植物の種子。油で熱するとナッツのような香りがあり、南インド料理では油で熱してはじかせて使うことが多い。イエローマスタードシードで代用可。殺菌、防腐効果、利尿作用がある。

クミンシード

セリ科の植物の種子。インドで使用頻度の高いスパイス。シードのまま用いるときは、油で炒めて香りを引き出す。粉末を火を通さずに使う場合はシードを煎ってから粉にするのが鉄則。

ターメリック

熱帯アジア原産のショウガ科の植物の根をゆで、乾燥させて粉末にしたもの。カレーの色のもとになり、複数のスパイスの仲介役となる。量は控えめに用い、しっかり火を通す。殺菌作用があり、肝機能を高める。

ヒーング

アサフェティダというセリ科の植物の茎からとれる樹脂の粉末。菜食のインド料理にうまみを出すスパイス。くせのある強い香りがあるが、加熱すると深い味をかもし出す。ガスを抜き消化や腸の働きを助ける。

フェヌグリークシード

マメ科の植物の種子。インドではメーティーと呼ばれる。加熱するとメープルシロップのような香りがする。種子のまま使うときは油でじっくり炒めて香りを引き出す。粒が固いので、すりつぶすときはミルを用いる。ホルモンバランスを整える。

赤唐辛子、レッドペッパーパウダー

油で炒めると刺激的な辛みと香り、うまみが出るのが特徴。種を取らずに丸ごと使うほか、料理によって粉末を使い分ける。おいしいと感じるぎりぎりの辛さになるよう加減して用いる。刺激の強い辛み成分に発汗、強壮作用がある。

ブラックペッパー

熟す前のこしょうの実（グリーンペッパー）を黒褐色になるまで乾燥させたもの。浸水させて皮を除いた白こしょうより香りも刺激も強く、インドでは黒こしょうを用いる。料理によりホールと粗びきを使い分ける。

カルダモン

ショウガ科の多年草の実を乾燥させたもの。実の中の種子に甘くさわやかで高貴な芳香があり、スパイスの女王と呼ばれている。種だけ砕いて使う場合や、さやごとほぐして使う場合などがある。消化を助け、食後の臭い消し、リラックス効果も。

シナモン

クスノキ科の常緑樹の樹皮を乾燥させたもの。スリランカ産のセイロンシナモン（写真右）は樹皮が薄く、繊細な甘い香りが特徴。肉厚のものは漢方薬に使われる中国原産のカシア（写真左）で、濃厚な香り。料理によっては粉末を用いる。

クローブ

フトモモ科の常緑樹の花のつぼみを乾燥させたもの。独特の強い香りは肉の臭みを消すほか、甘い菓子や料理の香りづけにも使われる。殺菌、防腐作用がある。喉が痛いときなど、かみながらなめると喉を潤す効果が。

パプリカ

辛くない肉厚の唐辛子を乾燥させて、粉末にしたもの。色素が油に溶けやすいので、料理の色づけや風味づけに用いられる。抗酸化成分を含み、疲労回復に効果がある。

フェンネルシード

セリ科の植物の種子。アニスに似た、さわやかな甘い香りがある。消化促進、消臭作用があり、インドでは食後にシードを食べる習慣がある。

コリアンダーシード

日本では香菜の名で親しまれているセリ科の植物の種子。かんきつ系のようなさわやかな香りがあり、肉の臭み消しにも効果的。長く煮込むととろみが出るのも特徴。クミンと相性がいいので一緒に用いることも多い。

ナツメグ

ニクズク科の常緑樹で種子の仁（じん）がナツメグ、外側の仮種皮を乾燥させたものがメース。独特の甘い香りとほろ苦さがあり、肉の生臭さを消し、果物や乳製品とも相性がよい。胃腸の働きを助ける。使うときは少量でよい。

ガラムマサラ

ガラムは「熱い」、マサラは「スパイス」や「ブレンドしたスパイス」の意味。本来は料理に合わせてそのつど調合し、ひきたてを用いる。主に使われるスパイスは、クミン、カルダモン、シナモン、クローブ、フェンネル、ナツメグ、ブラックペッパーなど。

カスーリーメーティー

マメ科の植物、フェヌグリークの葉を乾燥させたもので、フェヌグリークリーフとも呼ばれる。シードと同じ甘い香りがする。本書ではラムのキーマカレー（p48）に使用。

タマリンド

マメ科の常緑高木の果実。料理の酸味づけに用いられる。果肉を圧縮したブロックが市販されている。ぬるま湯でふやかし、種やすじを除いて用いる（p9参照）。アルミ、真鍮、銅の鍋での調理は不可。

香菜

コリアンダーの葉。タイ、中国、メキシコなどでよく使い、日本でも親しまれているハーブ。インドでは薬味として仕上げに混ぜたり、散らすほか、ペーストにしてソースのように使うことも多いが、南インドでは使用頻度は低い。

カレーリーフ

インド原産のミカン科の木。葉を料理に使う。南インドやスリランカ料理に重要なハーブ。基本的に生の葉を使うが、乾燥した葉は香りが弱いので量を増やして使う。苗から育てるのがおすすめ（p8参照）。生葉は冷凍も可能で、凍ったまま用いる。若い葉は柔らかいので、投入するタイミングはレシピの指示より後でもかまわない。強壮、解熱作用がある。

テージパッター

別名インディアンベイリーフとも呼ばれ、ガラムマサラにはこちらを使う。日本で一般的にベイリーフやローリエとして出回っているものとは別種で葉脈が縦向き。インド料理にはこちらが向いている。一般的なベイリーフで代用も可。

青唐辛子

唐辛子が熟す前に収穫したもので、ピリッとしたフレッシュな辛みがある。種ごと小口切りにし、生のままアチャール（漬けもの）に加えたり、スパイスと一緒に加熱して使う。青臭い香りが重要なので、手に入らないときはしし唐で代用を。

チャナダール
（赤ひよこ豆のひき割り）

赤ひよこ豆（カラチャナ）をひき割りにしたもの。南インド料理ではこの豆をカリッと炒め、野菜料理に香ばしい香りと食感を添えるために用いる。

マスールダール
（レンズ豆の皮なし）

ヨーロッパや中東でも有名な凸レンズの形をした豆。皮をむいたオレンジ色のものを用いる。別名レッドレンティル。日本で手に入りやすく早く煮える豆なので、この本ではダール（豆カレーp39）のレシピに使用。ムーング（緑豆）と混ぜて使うこともある。

ムーングダール
（緑豆のひき割り）

緑豆は解熱や解毒作用があることから、熱帯の国々では料理やスイーツに多用される。いちばん消化によい豆で、皮むきのひき割りを養生食として粥にする。水でもどし、加熱しない状態で食べることもできる。インドでは発芽させたもやしをサラダなどにして生食する。

ウラドダール
（ケツルアズキのひき割り）

和名はケツルアズキ、あるいはブラックマッペ。ペーストにすると粘りが出る性質がある。南インドの気候ではほどよく発酵するので、米と合わせるなど様々なメニューに使われる。炒めものには、乾物のまま油で香ばしく炒めてクリスピーさを添える名脇役に。

トゥールダール
（キマメのひき割り）

和名はキマメ（樹豆・木豆）。インドではオロホル豆という名前で売られることも。南インドではサーンバールやラサムなどに欠かせない豆。味のよい、応用の利く豆。ゆでるのに時間がかかるので、あらかじめゆでておくと便利（p9参照）。

ベーサン

ひよこ豆（ガルバンゾー）を粉にしたもの。インドでは揚げもののころもにしたり、スナックやスイーツ、肉団子のつなぎなどに使われる。

ココナッツミルク

ココヤシの熟した果実の内側にある胚乳から得られるミルク状の液体。少量使う場合は、ココナッツミルクを濃縮した粉末を、湯で溶いて用いると便利。本書では、缶を使う場合と両方の分量を併記している。

ココナッツファイン／ココナッツロング

ココヤシの熟した果実の内側にある胚乳を削り乾燥させたもの。細切りのロングと、細かいフレーク状のファインがある。生が手に入りにくい日本ではとても便利。日本では製菓材料として売られていることが多い。ロングをフードプロセッサーにかけるとファインとして使える。

ココナッツオイル

ココヤシの果実の内側にある胚乳から抽出精製された油。日本では冬は凝固する。熱すると白い煙がたくさん出る特性がある。中鎖脂肪酸を多く含むため、効率よく分解、燃焼されるので脂肪になりにくく、ダイエットに効果的。糖尿病の予防や改善、アルツハイマー予防の有効性も注目されている。

香り豊かな
野菜のおかず

陽を浴びてどんどん育つバリエーション豊か
な野菜が、香りや薬効とハーモニーを成して
数億人のベジタリアンの食卓を支え、体を守
っています。スパイスが引き出すほんとうの
野菜の味をどうぞご堪能ください。

キャベツのポリヤル
キャベツのスパイス炒め

ポリヤルは、南インド全土で食べられている代表的な野菜料理で、タミル語で「炒めたもの」という意味です。スタートでマスタードシードや豆、カレーリーフの香りを油に移し、切った野菜にからめてココナッツをまぶします。野菜のうまみに様々な香りが加わる飽きない味。まずはキャベツでマスターしましょう。

材料（4人分）
キャベツ（せん切り）… 250ｇ
ブラウンマスタードシード … 小さじ½
チャナダール（赤ひよこ豆のひき割り）、
　　ウラドダール（ケツルアズキのひき割り）
　　… 各小さじ2（どちらか1種類でも可）
ヒーング … 小さじ⅛
カレーリーフ（省略可）… 12枚
青唐辛子（小口切り）… 1本
玉ねぎ（2～3㎝長さの薄切り）… ¼個
ターメリック … 小さじ⅓
塩 … 小さじ1弱
ココナッツファイン … 大さじ1
ココナッツオイル … 大さじ1

じゃがいものポリヤル（上）

じゃがいも3個は皮をむいて7㎜角に切り、水にさらして水気をきり、固めにゆでてから、キャベツと同様に作る。また、細くせん切りにして水に5分さらし、生から炒めるのも違うおいしさに。

セロリのポリヤル（下）

セロリ3本（茎の部分のみ）をせん切りにし、キャベツと同様に作る。

ポリヤルの基本の作り方

キャベツのポリヤルを例に、ポリヤルの基本の作り方をご紹介します。
スタート時にスパイスや豆を油に次々に投入していくところに、
南インド料理のコツが詰まっています。スタートさえうまくいけば、後は簡単！

作り方

1 野菜は切り、すべての材料を計量して小さい器に入れ、作り方を見て、使う順番に並べる。
次々に加えるので、使う順に並べておけば、あわてずに調理できる。

2 鍋にココナッツオイルを入れて熱する。
油を熱するときは、鍋の表面にも温度差が出るので、油を軽く混ぜながら温める。

3 マスタードシードを数粒落として強めの中火にかける。
まずマスタードシードがはじけるのを待つ。はじける前に表面の皮が薄く膨張して白っぽくなるのが分かる。

4 パチパチはじけ出したら、残りのマスタードシードをすべて加えて炒める。マスタードシードがはじけて飛び散るので、10〜20秒ふたをする。

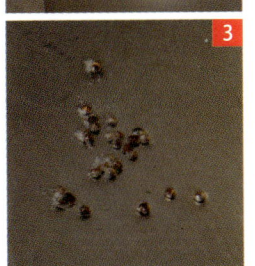

5 ほとんどのマスタードシードが勢いよくはじけたら、チャナダールを加えて約10秒炒め、ウラドダールを加えて炒める。
2種の豆を加える場合、固い豆から先に加える。豆を入れると油の温度が下がるのでマスタードシードはこれ以上はじけない。

6 豆を炒めているタイミングでヒーングを加えて炒める。
ヒーングは生だと臭みが強いので、火を通してうまみを引き出すことが大切。

7 焦げそうになったら、後で加える玉ねぎを少しだけ入れて温度を調節する。

8 カレーリーフを加え、きれいな緑色になりパリンとしてきたら、青唐辛子を入れてひと混ぜする。
カレーリーフは、生葉の場合は水分がはねることがあるので注意。豆は生っぽくなく、焦げることもなく、香ばしくカリッとなるのが理想的。

9 玉ねぎを加え、ややしんなりするまで炒める。
カレーリーフが若くやわらかい場合は、このタイミングで玉ねぎと一緒に入れるのがよい。

10 ターメリックを加え、焦がさないよう約30秒炒める。
ターメリックはしっかり火を通す必要があるスパイスなので、油にからませるようにしてよく炒める。

11 キャベツを加えて炒め合わせ、塩を加えて強火でしゃきっと火を通す。

12 ココナッツファインを加えてさっと全体を炒め合わせて、火を止める。
水分が出てくるので炒めすぎないこと。最後にひとたらしココナッツオイルを入れると香りが出ておいしくなる。

にんじんのポリヤル

ケーララ州南部ではポリヤルをトーレン（thoran）と呼ぶことともあります。これはトーレンとして習ったもので、削ったココナッツではなくしぼったココナッツミルクを使います。にんじんの甘みにわずかな量のにんにくを合わせるコクのあるレシピで、いんげんやビーツにも向きます。

材料（4人分）

にんじん … 2本
ブラウンマスタードシード … 小さじ½
にんにくのすりおろし … 小さじ1
ヒーング … 小さじ⅛
カレーリーフ（省略可）… 12枚
青唐辛子（小口切り）… 1本
玉ねぎ（2〜3㎝長さの薄切り）… ¼個
ターメリック … 小さじ⅓
ココナッツミルク … 大さじ2
　（またはパウダー大さじ1を湯大さじ2で溶く）
塩 … 小さじ1弱
ココナッツファイン … 大さじ1
クミンパウダー … 小さじ½
ココナッツオイル … 大さじ1

作り方

1　にんじんはせん切りにする（スライサーを使ってもよい）。

2　鍋にココナッツオイルを熱し、マスタードシードを数粒落として強めの中火にかけ、パチパチはじけ出したら残りのマスタードシードを加えて炒める。ほとんどの粒がはじけたら、にんにくを加え炒める。

3　ヒーング、カレーリーフを加え、カレーリーフがきれいな緑色でパリンとしてきたら、青唐辛子を入れてひと混ぜし、玉ねぎを加えて炒める。玉ねぎがしんなりしたら、ターメリックを加えて焦がさないよう約30秒炒める。

4　にんじんを加えて炒め、ココナッツミルク、塩を加えて強火で炒める。

5　ココナッツファインを加えてさっと炒め、仕上げにクミンパウダーをふって炒め合わせる。

にんじんを加えるタイミングでココナッツミルクを加える。

里いものポリヤル

タミル・ナードゥ州のポリヤルで、ヨーグルトを使う変化球タイプ。ねっとりした里いもの食感にキリッとした酸味がよく合います。いちばんのコツは里いもが熱いうちにヨーグルトのソースにからめること。長いも、れんこん、じゃがいも、ビーツなどの根菜に向いています。

材料（4人分）
里いも … 500g
プレーンヨーグルト … 100㎖
A｜ターメリック … 小さじ 1
　｜ヒーング … 小さじ⅓
　｜レッドペッパーパウダー … 少々
　｜塩 … 小さじ 1
ブラウンマスタードシード … 小さじ 1
ウラドダール（ケツルアズキのひき割り）… 小さじ 2
カレーリーフ（省略可）… 12 枚
油 … 大さじ 2

作り方
1　里いもは小さいものはそのまま（大きければ半分に切って）ゆで、皮をむく。
2　ヨーグルトにAを混ぜ合わせる。
3　鍋に油を熱し、マスタードシード、ウラドダール、カレーリーフを加えて強めの中火で炒める。マスタードシードがはじけて香りが出たら、2を加えて約1分炒める。
4　1を加えて全体にからめ、火を止める。

スパイスを混ぜたヨーグルトを加えて炒めたら、ゆでた里いもを入れてからめる。

ゴーヤのマサラポリヤル

タミル・ナードゥ州のチェッティナードゥスタイルのリッチなポリヤルです。マサラは、「いろいろなスパイスを混ぜ合わせたもの」の意。たっぷりのスパイスを使って濃いグレイビーを作り、それに野菜をからめて仕上げます。ゴーヤの苦みはこの料理にぴったり。南インドではへび瓜という野菜でよく作ります。下ゆでした里いも、半分に切ったオクラも合います。

材料（4人分）

ゴーヤ … 大1本

トマト … 200g

ココナッツマサラ
　ココナッツファイン … ½カップ
　クミンシード … 小さじ1½
　水 … 100㎖

A｜ブラウンマスタードシード … 小さじ1
　｜クミンシード … 小さじ1
　｜フェンネルシード … 小さじ1
　｜チャナダール（赤ひよこ豆のひき割り）… 小さじ2
　｜ウラドダール（ケツルアズキのひき割り）… 小さじ2
　｜カレーリーフ（省略可）… 15枚

にんにく（すりおろす）… 1片

しょうが（すりおろす）… 1かけ

B｜レッドペッパーパウダー … 小さじ1
　｜コリアンダーパウダー … 小さじ1
　｜ターメリック … 小さじ1
　｜塩 … 小さじ1

レモン汁 … 小さじ2

油 … 50㎖

ココナッツオイル … 50㎖

作り方

1　ゴーヤは縦半分に切り、種とわたを取って、5～6㎜厚さに切る。トマトはざく切りにする。

2　ココナッツマサラの材料を混ぜ合わせる。

3　鍋に油とココナッツオイルを熱して、Aを上から順に加えて炒め、にんにく、しょうがを加えて炒める。

4　Bを加えて炒め、トマトも加えてなめらかなペースト状になるまでよく火を通す。

5　1のゴーヤを加え、まぶしつけるように炒める。

6　ゴーヤに火が通ったら、2を加えて約4分炒め、仕上げにレモン汁を加えて混ぜる。

ポテトマサラ
じゃがいものスパイス炒め

これをドーサ（p62）にはさめばマサラドーサになります。仕上げにバターの風味を加えるのがおいしさのポイント。おかずとして食べるなら、じゃがいもは大きく割り、ドーサ用には細かくくずしてください。

材料（4人分）

じゃがいも … 大2個

A｜ブラウンマスタードシード … 小さじ⅔
　｜チャナダール（赤ひよこ豆のひき割り）… 小さじ1
　｜赤唐辛子 … 2本
　｜カレーリーフ（省略可）… 15枚
　｜しょうが（みじん切り）… 1かけ
　｜青唐辛子（小口切り）… 1本
　｜玉ねぎ（2〜3㎝長さの薄切り）… 70g

B｜ターメリック … 小さじ⅓
　｜カシューナッツ（またはピーナッツ。粗みじん切り）
　｜　… 大さじ1
　｜レッドペッパーパウダー … 小さじ¼
　｜塩 … 小さじ1

バター … 小さじ2

香菜（粗く刻む）… 大さじ2

油 … 大さじ1

ココナッツオイル … 大さじ½

作り方

1　じゃがいもは皮ごとゆで、皮をむき、手でひと口大に割る。

2　鍋に油とココナッツオイルを熱し、Aを上から順に加える。

3　玉ねぎが色づいたら、Bを加え、水100㎖を加えて2分煮る。

4　1を加え、バターを加えて溶かし混ぜ、仕上げに香菜を混ぜ込む。

ゆでたじゃがいもは手で割り、味がなじみやすくする。

ズッキーニのパッチャディ
ズッキーニの辛みヨーグルトあえ

辛みがきいたケーララ州の料理です。ヨーグルトも青唐辛子もたっぷり、マスタードシードも驚くくらい大量に使うのですが、初めて出会う不思議なおいしさに、はまること請け合い。瓜類、マンゴーやパイナップルも向いています。

材料（4人分）

ズッキーニ … 2本

A ブラウンマスタードシード
（半ずりにする）* … 大さじ1 1/3

　塩 … 小さじ1

　青唐辛子（小口切り）… 2本

　水 … 1カップ

B ココナッツファイン … 大さじ3

　ココナッツミルク … 1/2カップ
　（またはパウダー大さじ4を湯大さじ6で溶く）

　ブラウンマスタードシード … 小さじ2

　青唐辛子（小口切り）… 2本

プレーンヨーグルト … 1カップ

テンパリング

　ブラウンマスタードシード … 小さじ1/2

　カレーリーフ（省略可）… 12枚

　玉ねぎ（2〜3cm長さの薄切り）… 50g

　油 … 大さじ2

＊すり鉢でするか、まな板の上でめん棒で押しつぶすとよい。

作り方

1　ズッキーニは1cm角に切る。

2　鍋に**1**を入れ、**A**を加えて混ぜ、ふたをして火にかけ、煮立ったら弱火にして5分蒸し煮にする。

3　**B**をミルにかけ、なめらかにする。

4　**2**に**3**とヨーグルトを加え、ひと煮立ちさせる。

5　仕上げにテンパリングをする。フライパンに油を熱し、マスタードシードから玉ねぎまでを順に加え、玉ねぎが色づき始めたら、油ごと**4**に加えて混ぜ合わせる。

半ずりにしたマスタードシード、塩、青唐辛子、水を加えてズッキーニを蒸し煮にする。

いんげんのメルクプラティ
蒸し煮いんげんのオイルあえ

メルクプラティは、ケーララ州で話されているマラヤーラム語で、メルクはオイル、プラティはセミグレイビー状の料理のことを指します。野菜を蒸し煮にしてからオイルであえます。こしょうの産地にふさわしく、仕上げにたっぷりと黒こしょうをふりますが、唐辛子を入れて辛くすることもあります。現地では未熟な青いバナナを使いますが、どんな野菜でもおいしくできます。

材料（4人分）

さやいんげん … 350g

A
| 塩 … 小さじ 1
| ターメリック … 小さじ¼
| 水 … 80㎖

テンパリング
　ブラウンマスタードシード … 小さじ⅔
　玉ねぎ（2〜3㎝長さの薄切り）… 150g
　カレーリーフ（省略可）… 15枚
　ターメリック … 小さじ⅙
　ブラックペッパー（パウダー）… 小さじ 1
　ココナッツオイル … 大さじ 2

作り方

1　いんげんは4㎝長さの斜め切りにする。

2　鍋に1を入れ、Aを加えて混ぜ、ふたをして火にかけ、煮立ったら弱火にして3分蒸し煮にする。

3　仕上げにテンパリングをする。フライパンにココナッツオイルを熱し、マスタードシードからターメリックまでを順に加え、香りが出たらブラックペッパーを加え、油ごと2に加えて混ぜ合わせる。

ビーツのメルクプラティ

ビーツ1個を長さ3㎝の細切りにし、同様に作る。

かぼちゃのクゥートゥ
ココナッツ味の豆入り煮もの

クゥートゥ（kootu）はタミル語で、ごった煮とでもいう意味です。煮くずれかけたかぼちゃと豆が混ざり、甘辛くてなんともいえないおいしさです。野菜は冬瓜などの瓜類のほか、ほうれん草やキャベツも向きます。本来はトゥールダールで作りますが、早く煮えて手軽なマスールダール（レンズ豆）のレシピを紹介します。

材料（4人分）
かぼちゃ … 350g
マスールダール（レンズ豆の皮なし）… 100g
ターメリック … 小さじ⅔
カレーリーフ（省略可）… 10枚
A　ココナッツファイン … ½カップ
　　ココナッツミルク … ½カップ
　　（またはパウダー大さじ4を湯大さじ6で溶く）
　　青唐辛子（小口切り）… 2本
　　香菜（粗く刻む）… ½カップ
塩 … 小さじ1強
クミンパウダー* … 小さじ1
テンパリング
　　ブラウンマスタードシード … 小さじ½
　　ココナッツオイル　大さじ1

* できれば、シードをから煎りし、すり鉢でするか、右のような方法で押しつぶす。

作り方

1　マスールダールはさっと洗い、鍋に入れ、水2カップとターメリックを加え、15分浸水させてから火にかける。
2　かぼちゃは1cm厚さのひと口大に切る。
3　1が煮立ったら、2とカレーリーフを加え、やわらかくなるまで煮る。
4　Aをフードプロセッサーにかけ、なめらかにする。水分が足りなければ3の鍋から少し取り分けて足してもよい。
5　4を3に加え、塩、クミンパウダーを加えて2～3分煮る。
6　仕上げにテンパリングをする。フライパンにココナッツオイルを熱し、マスタードシードを入れ、パチパチはじけたら油ごと5に加えて混ぜ合わせる。

クミンパウダーは、煎ったクミンシードをまな板の上にのせ、固いものでゴリゴリ押しつぶせば簡単。

マスールダールを入れた湯が煮立ったら、かぼちゃとカレーリーフを入れて煮る。

チェッティナードゥの
ベジタブルクルマー
チェッティナードゥ式野菜の煮込み

コールマー（korma）は、ナッツやクリームを使ってしっかり煮込んだ北インドの料理。それが南インドに伝わり、変化してクルマー（kurma）と呼ばれる料理になりました。ぜいたくなスパイス使いで手間をかけて作る料理で、ベジの正餐で主役を張れるメニューです。ノンベジであることが多いチェッティナードゥの人たちが野菜に真剣に取り組むと、こんなにリッチな味になるのかと感心します。

材料 （4人分）

じゃがいも … 2個

なす … 1本

にんじん … ½本

カリフラワー … 300 g

トマト … 200 g

グリーンピース（冷凍可）… ½カップ

玉ねぎ … 150 g

にんにく … 1片

しょうが … 1かけ

A | ココナッツファイン … ½カップ
　| ココナッツミルク … 50 ㎖
　| 　（またはパウダー大さじ2を湯大さじ3で溶く）
　| チャナダール（赤ひよこ豆のひき割り）… 小さじ2
　| カシューナッツ … 4個
　| 青唐辛子（小口切り）… 1本
　| 水 … 30㎖

B | ブラウンマスタードシード … 小さじ⅔
　| テージパッター（またはベイリーフ）… 1枚
　| クローブ（ホール）… 3個
　| セイロンシナモン（2つに割る）… 5～6 ㎝
　| フェンネルシード … 小さじ⅔
　| カレーリーフ（省略可）… 15枚

塩 … 小さじ2

油 … 50 ㎖

4 Aをミルにかけ、なめらかなペースト状にする。

作り方

1 じゃがいもは太さ1 ㎝、長さ4 ㎝の拍子木切りにし、なすはそれより太めに切り、にんじんは細めに切る。カリフラワーは小房に分ける。グリーンピースはゆでる。トマトはフードプロセッサー（またはミキサー）にかけて、ピュレ状にする。

2 トマト以外の1を鍋に入れて、水100 ㎖を加え、ふたをして火にかけ、煮立ったら弱火にして7分蒸し煮にする。

3 玉ねぎ、にんにく、しょうがはざく切りにしてフードプロセッサーにかけ、なめらかなペースト状にする。

5 別の鍋に油を熱し、Bのスパイスを上から順に加え、3を加えて5分炒める。

6 1のトマトを5に加えて炒め、途中で塩を加え、半量になるまで煮詰めるように炒める。

7 2の野菜を蒸し汁ごと加え、4を加えて1分ほど炒め、なじませる。

アビヤル
蒸し野菜のココナッツあえ

クルマー（p26）に対してもっとシンプルに野菜をあえた普段の料理で、唐辛子を使わないマイルドな料理でもあります。これはケーララ州のレシピで、最後にヨーグルトを入れたら分離を避けるために長く煮ないで火を止めます。

材料（4人分）
さやいんげん … 6本
なす … 2本
にんじん … ½本
里いも … 5個
しし唐 … 12本
カレーリーフ（省略可）… 12枚
ターメリック … 小さじ⅓
ココナッツファイン … ⅔カップ
塩 … 小さじ1
プレーンヨーグルト … ⅔カップ
クミンパウダー* … 小さじ⅔

*できれば、シードをから煎りし、すり鉢でするか、まな板の上でめん棒で押しつぶす。

作り方

1　いんげんは5cm長さに切る。なすは太さ1cm、長さ5cmの拍子木切りにして、にんじん、里いもは、なすより細めの拍子木切りにする。しし唐は縦半分に切る。

2　1を鍋に入れ、カレーリーフ、ターメリックを加えて手であえ、水100mlを加え、ふたをして火にかけ、煮立ったら弱火にして6〜7分蒸し煮にする。

3　野菜がやわらかくなったら、ココナッツファインを加えて混ぜる。

4　塩、ヨーグルト、クミンパウダーを加え、温まったらすぐに火を止める。

野菜にカレーリーフとターメリックを加え、手であえて全体になじませる。

クスンブリ
南インドのごちそうサラダ

カルナータカ州の、味のしっかりついたタイプのごちそうサラダです。北インドではカチュンバルと呼ばれています。ピーナッツは煎って香りを出し、塩も岩塩を使うと納得の味に。

材料 （4人分）

きゅうり … 2本

紫玉ねぎ … ¼個

青唐辛子 … 1本

香菜（粗く刻む）… ⅓カップ

ピーナッツ（無塩）… ½カップ

ココナッツファイン … ½カップ

テンパリング

　ブラウンマスタードシード … 小さじ⅔

　カレーリーフ（省略可）… 15枚

　油 … 大さじ1

レモン汁 … 大さじ1

砂糖 … 小さじ½

ピンク岩塩（または塩）… 小さじ½

作り方

1　きゅうりは5mmの角切り、紫玉ねぎと青唐辛子はみじん切りにする。ピーナッツは軽くから煎りしてから粗く刻む。

2　耐熱ボウルに1の材料と香菜、ココナッツファインを入れ、よく混ぜる。

3　仕上げにテンパリングをする。フライパンに油を熱し、マスタードシードを入れ、はじけてきたらカレーリーフを加えて炒める。葉がパリンとしたらすぐに油ごと2に加えてよく混ぜる。

4　レモン汁、砂糖、塩で味を調える。

ピンク岩塩
地殻変動により陸に閉じこめられた海水の塩分が結晶化し、岩塩層から採掘された天然塩。白い岩塩よりもうまみが濃く、味がしっかり決まる。特に加熱しない料理に向く。

生野菜に、マスタードシードとカレーリーフをテンパリングして加える。

玉ねぎとトマトのアチャール
玉ねぎとトマトの漬けもの

じゃがいもと青唐辛子のピックル
じゃがいもと青唐辛子の漬けもの

ケーララ州南部のサラダ感覚の漬けもの。現地ではレモンで
はなくココナッツビネガーを使います。酸っぱくてさっぱり
していて、魚のフライなどシーフードのつけ合わせに最適。

材料 （作りやすい分量）
紫玉ねぎ … 200g
トマト（ざく切り）… 2個
青唐辛子（みじん切り）… 1本
香菜（粗く刻む）… ½カップ
レモン汁 … 大さじ2
塩水
　塩 … 小さじ2
　水 … 3カップ

作り方
1　紫玉ねぎはスライサーで横に薄切りにする。塩小さじ
　1½（分量外）をふってよくもみ、分量の塩と水をよく混
　ぜた塩水に15〜20分さらす。
2　1の水気をしぼってボウルに入れ、トマト、青唐辛子を
　加えてよく混ぜる。レモン汁で味を調え、仕上げに香菜
　を混ぜる。

テランガーナ州ハイダラーバード式の珍しいじゃがいものオ
イル漬けです。長く保存する酸っぱいタイプではなく、作り
たてがおいしいです。

材料 （作りやすい分量）
じゃがいも … 500g
青唐辛子（またはしし唐）… 100g
油 … 1カップ
A　レッドペッパーパウダー … 小さじ1
　　コリアンダーパウダー … 小さじ1
　　クミンパウダー … 小さじ1
　　ターメリック … 小さじ⅓
　　塩、砂糖 … 各小さじ2
B　ブラウンマスタードシード … 小さじ1
　　クミンシード … 小さじ1
　　ブラッククミン … 小さじ½
　　フェヌグリークシード … 小さじ½
　　にんにく（すりおろす）… 1片
　　しょうが（すりおろす）… 1かけ

作り方
1　じゃがいもは皮をむいて2〜3㎝角に切る。青唐辛子は
　縦に切れ目を入れる。
2　鍋に油を熱し、じゃがいもをきつね色になるまで素揚げ
　にし、続いて青唐辛子をさっと素揚げする。
3　2にAをまぶす。
4　2の油を再び熱し、Bを上から順に加えて炒め、香りが
　出てきたら火を止めて冷ます。
5　4の油が冷めたら3を加えて混ぜる。

ゴーヤのポディ
ゴーヤのふりかけ

ピーナッツのポディ
ピーナッツのふりかけ

ポディ（podi）は、南インドのふりかけ。溶かしたギー（p37参照）と一緒にライスにかけて混ぜて食べます。もちろんその上にさらにカレーをかけるのがインド式。

このポディは、タミル・ナードゥ州のスタイル。ライスにかけるほか、ペサラットゥ（p64）にはさんだり、溶かしたギーに混ぜてドーサ（p62）につけて食べてもおいしい。

材料（作りやすい分量）
ゴーヤ … 大1本
A｜コリアンダーシード … 大さじ1
｜クミンシード … 小さじ2
｜赤唐辛子 … 3本
B｜ピンク岩塩（p29参照。または塩）… 小さじ1 ½
｜ブラックペッパー（パウダー）… 小さじ⅓
｜砂糖 … 小さじ½
揚げ油 … 適量

材料（作りやすい分量）
ピーナッツ（皮つき）… 1カップ
チャナダール（赤ひよこ豆のひき割り）… ½カップ
赤唐辛子 … 1本
ヒーング … 少々
ピンク岩塩（または塩）… 小さじ1

作り方
1　ゴーヤは種ごと2㎜幅の輪切りにし、天日に1日干す。
2　揚げ油を180℃に熱し、1をこぼれた種も一緒にカリッとするまで1分30秒〜2分揚げる。
3　2を広げて乾かし、ミルやすり鉢でパウダー状にひく。
4　Aを焦がさないように弱火で約2分、フライパンでから煎りする。煙が出て色づいてきたら、火からおろしてミルやすり鉢でパウダー状にひく。
5　ボウルに3、4、Bを入れ、よく混ぜ合わせる。
●密閉容器に入れて冷蔵庫で約2か月保存が可能。

作り方
1　ピーナッツはカリカリになるまでから煎りしてから、皮をむく。
2　チャナダールと赤唐辛子も香りが出るまでから煎りする。
3　2をミルやすり鉢でパウダー状にひき、1を加えてさらにひく。
4　ヒーングと塩で味を調える。
●密閉容器に入れて冷蔵庫で約2か月保存が可能。

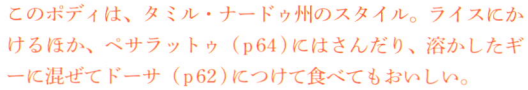

ゴーヤを種ごと輪切りにし、からっとするまで天日に干す。

02

南インドの主役、カレー料理

カレーという言葉でもスープという言葉でも表現しきれない、これぞ南インド！な食の主役たちです。米どころ南インドだからこその、日本人にはぐっとくる味わいを、ぜひ手で混ぜながら感じてください。

オクラのサーンバール
豆とオクラの酸味カレー

サーンバールは南インド全体で食べられている料理。日本のみそ汁のような存在で酸っぱくて辛いのが特徴です。家庭ではいつも多種類の野菜を入れるわけではなく、オクラならオクラ、なすならなすのサーンバールであることが多いようです。これは仕上げにテンパリングをしない簡単なタイプのレシピです。とろみは、ゆでたトゥールダールで好みに調整し、オクラ以外の野菜を使うときは、玉ねぎと同じタイミングで炒めてください。なす、にんじん、いんげん、里いも、かぼちゃ、大根、瓜、かぶなどが合います。

材料 （4人分）
オクラ … 6～8本
玉ねぎ（1cmの角切り）… 小½個
トマト（ざく切り）… 小1個
ゆでたトゥールダール*（キマメのひき割り）… 1カップ
ブラウンマスタードシード … 小さじ⅔
ヒーング … 少々
カレーリーフ（省略可）… 10枚
ターメリック … 小さじ⅓
サーンバールパウダー（下のコラム参照）… 小さじ1 ½
塩 … 小さじ⅔
タマリンドウォーター** … 250㎖
香菜（粗く刻む）… 適量
太白ごま油 … 大さじ3

＊トゥールダールのゆで方はp9参照。
＊＊タマリンド20gをぬるま湯250㎖で溶く。p9参照。

作り方

1 オクラは1cm長さに切る。フライパンに太白ごま油大さじ1を熱し、炒める。
オクラは炒めると、煮たときに粘りが出ない。

2 鍋に太白ごま油大さじ2を熱しマスタードシードを入れて、はじけてきたらヒーングを加えてひと混ぜする。ほとんどのマスタードシードがはじけたら、カレーリーフと玉ねぎを同時に加えて炒める。

3 玉ねぎに火が通ったら、ターメリックを加えて1分炒め、トマト、1のオクラ、サーンバールパウダーの順に加えて1分炒める。

4 ゆでたトゥールダールを加えて炒め、塩、タマリンドウォーターを加えて約3分煮る。仕上げに香菜を加える。

サーンバールパウダー

サーンバールパウダーはサーンバールのためのミックススパイスです。各家庭で自慢のブレンドで作りますが、最近は市販品もあります。スパイスだけでなくカレーリーフや豆、ときにはココナッツも加える香り高いパウダーで、サーンバール以外にも、料理に風味や味を少しつけたいときなどカレー粉感覚で使います。このレシピは辛みを控えているので、好みで赤唐辛子の量を加減してください。市販のものはターメリックが多く配合されているため、炒めるか煮るかなど火を通して使わないと苦みが残るので注意します。

材料 （作りやすい分量）
コリアンダーシード … 大さじ1
赤唐辛子 … 3本
ブラックペッパー（ホール）… 大さじ½
フェヌグリークシード … 大さじ1
カレーリーフ（固いしっかりとしたもの）… 20枚
チャナダール（赤ひよこ豆のひき割り）… 小さじ2
トゥールダール（キマメのひき割り）… 小さじ2

作り方
フライパンにすべての材料を入れ、中火で約4分から煎りする。香りが出て色づいてきたら、焦げる前に火からおろし、ミルでパウダー状にひく。

● 密閉容器に入れて冷暗所または冷蔵庫で保存し、半年以内に使いきる。

ミックス野菜のサーンバール
豆と野菜の酸味カレー

レストランの料理のようにたくさんの種類の野菜を入れたサーンバールです。野菜は固いものややわらかいものが同時に煮えるように大きさを考えて切り、煮すぎないようにしたいものは後から加えます。テンパリングの油は太白ごま油が最適。味を決めるのは最後に加える黒砂糖です。ジャガリ（粗製砂糖）が最上ですが、黒砂糖で代用します。ひと鍋にゴルフボール大のジャガリの塊を入れるような甘いサーンバールを好む地方もあります。このレシピは仕上げにテンパリングをするスタイルです。

材料 （4人分）
大根 … 100g
玉ねぎ … ½個
なす … 2本
にんじん … 50g
さやいんげん … 4本
トマト … 1個
タマリンドウォーター* … 650㎖
ターメリック … 小さじ¼
サーンバールパウダー （p33参照） … 小さじ2
塩 … 小さじ2
ゆでたトゥールダール** （キマメのひき割り） … 1カップ
テンパリング
　ブラウンマスタードシード … 小さじ⅔
　ヒーング … 少々
　玉ねぎ （2〜3cm長さの薄切り） … 大さじ1強
　カレーリーフ （省略可） … 15枚
　太白ごま油 … 50㎖
黒砂糖 （あればジャガリ） … 小さじ1
香菜 （粗く刻む） … 適量

＊タマリンド25gをぬるま湯650㎖で溶く。p9参照。
＊＊トゥールダールのゆで方はp9参照。

作り方

1 大根と玉ねぎは1cm角に切り、なすは太さ1.5cm、長さ4cmに切る。にんじんは太さ7mm、長さ2cm、いんげんは3cm長さに切り、トマトはざく切りにする。

2 鍋に水3カップとタマリンドウォーター、大根、玉ねぎ、にんじん、ターメリックを入れて火にかけ、煮立ったら弱火にしてふたをし、野菜に火が通るまで煮る。

3 なす、いんげん、トマトを加えて、さらにふたをして弱火で5分煮る。

4 サーンバールパウダーと塩を加えてよく混ぜ、ゆでたトゥールダールを加えて混ぜる。

5 仕上げにテンパリングをする。フライパンに太白ごま油を熱しマスタードシード、ヒーングを順に加えて熱し、ほとんどのマスタードシードがはじけたら、玉ねぎ、カレーリーフを同時に加え、玉ねぎに火が通ったら油ごと4に加える。黒砂糖を加えて味を調え、香菜を加える。

基本のラサム
南インドの酸味スープ

ラサムは南インド独特の料理のひとつ。豆やトマトやタマリンド、ときには果物やえびや鶏肉なども使い、必要ならばにんにくやこしょうをしっかり利かせるなど、だしをとるように素材のエキスを煮出した香り高い一品。スープとして飲めるものもあり、ライスにかけても。地方により、サール、チャールなどとも呼ばれます。まずは家庭で作りやすい平均的なレシピをご紹介します。

材料（4人分）
トマト（1cmの角切り）… 小1個
ゆでたトゥールダール*（キマメのひき割り）… ½カップ
ラサムパウダー
　コリアンダーシード … 小さじ1
　クミンシード … 小さじ1
　ブラックペッパー（ホール）… 小さじ1
　フェヌグリークシード … 小さじ¼
A　ブラウンマスタードシード … 小さじ½
　クミンシード … 小さじ½
　赤唐辛子 … 2本
　ヒーング … 小さじ⅙
　ターメリック … 小さじ⅓
B　タマリンドウォーター** … 380ml
　カレーリーフ（省略可）… 8～10枚
　塩 … 小さじ1
　香菜（粗く刻む）… 大さじ1
油 … 大さじ1
ギー（p37参照）… 小さじ1

＊トゥールダールのゆで方はp9参照。
＊＊タマリンド25gをぬるま湯380mlで溶く。p9参照。

作り方

1　ラサムパウダーの材料をから煎りし、すり鉢やミルでパウダー状にひく。
2　鍋に油とギーを熱し、Aを上から順に加えて炒め、トマトを加えて炒める。
3　トマトがくずれたら、Bを上から順に加えて炒め、トゥールダールを加えて混ぜ、4～5分煮る。
4　仕上げに1のラサムパウダーを加えて混ぜる。

ゆでたトゥールダールを加えて、とろみをつける。

ラサムパウダーの材料はクミンシードが色づくまで煎る。

チェッティナードゥの
タッカーリラサム

チェッティナードゥ式濃厚トマトラサム

豆を入れないタイプのラサムですが、味は濃厚で、水の代わりに豆のゆで汁を使う家庭もあります。香り高いことが身上なので、ブラックペッパー、クミンシード、赤唐辛子はそのつど煎ってパウダーにしてください。カレーリーフも油で炒めるのではなく、手でもんでそのまま煮込みます。ごく弱火でコトコト煮ているうちにどんどんいい味が出てきます。

材料（4人分）

完熟トマト … 2個

にんにく（みじん切り）… 1 ½片

タマリンドウォーター* … 3カップ

A　ブラックペッパー（ホール）… 小さじ2
　　クミンシード … 大さじ1
　　赤唐辛子（ちぎる）… 2本

カレーリーフ（省略可）… 12枚

塩 … 小さじ2

黒砂糖（あればジャガリ）… 大さじ1

テンパリング
　　ブラウンマスタードシード … 小さじ⅔
　　ヒーング … 小さじ¼
　　太白ごま油 … 小さじ2

＊タマリンド20gをぬるま湯3カップで溶く。p9参照。

作り方

1　トマトはざく切りにしてフードプロセッサー（またはミキサー）にかけ、ピュレ状にする。

2　鍋に、1、タマリンドウォーター、にんにくを入れて火にかけ、煮立ったら弱火にして15分煮る。

3　Aはから煎りし、香りが立ちクミンシードがカリッとしたら、すり鉢やミルでパウダー状にひく。

4　3を2に加え、カレーリーフを手でよくもんで加える。塩、黒砂糖を加えてごく弱火で30分煮る。

5　仕上げにテンパリングをする。フライパンに太白ごま油を熱し、マスタードシード、ヒーングの順に加えて熱し、油ごと4に加えて混ぜ合わせる。

ギーの作り方

ギーはバターから水分とたんぱく質を除いた、動物性の純粋な油です。無塩バターで手作りするのがおすすめ。バターと同様に料理やパンに塗って使えます。

材料（作りやすい分量）　無塩バター … 300g

作り方

1 バターを鍋に入れ中火にかける。完全に溶けたらごく弱火にして、混ぜずに煮る。

2 木べらで表面の泡をよけると、中は濁っていて、水分が大きな気泡となって出続ける。

3 気泡が細かくなり、泡をよけると、中は澄んで、鍋底に沈殿したたんぱく質が見えるようになったら完成。

4 不織布タイプのペーパータオルを敷いたざるで漉す。密閉し冷暗所で保存する。冷蔵庫には入れないこと。

パイナップルラサム
パイナップルのさっぱりラサム

酸っぱい中にも青唐辛子の辛みがピリッと利いた、スープとしても飲めるラサムです。パイナップルに酸味があるので、タマリンドは使わずに最後にフレッシュなレモン汁で仕上げます。混ぜる香菜の香りも味の決め手に。

材料（4人分）
パイナップル（生）… 1カップ強（約130g）
青唐辛子 … 2本
ゆでたトゥールダール（キマメのひき割り）* … ½カップ
ブラウンマスタードシード … 小さじ⅓
ヒーング … 小さじ⅙
ターメリック … 小さじ¼
塩 … 小さじ½
レモン汁 … 大さじ1
香菜（粗く刻む）… 適量
油 … 小さじ2

＊トゥールダールのゆで方はp9参照。

作り方

1　パイナップルは厚さ1cmのひと口大に切る。青唐辛子は縦に切り込みを入れる。

2　鍋に油を熱し、マスタードシードを入れて炒め、はじけたらヒーングを入れ、パイナップルと青唐辛子を加えて1分炒める。ターメリック、塩を加えてさらに1分炒める。

3　水500mlを加え、煮立ったらふたをして5分煮る。

4　ゆでたトゥールダールを加えて少し煮る。

5　火を止めレモン汁を加えて混ぜ、香菜を加える。

マスタードシードとヒーングを炒めたところに、パイナップルと青唐辛子を加えて炒める。

ココナッツ風味のダール

ダールはインド全土で食べられていますが、カレーリーフで香りをつけてココナッツミルクでよりマイルドに仕上げるのが南インド式。これはケーララ州のレシピです。豆の種類はココナッツと相性のいいマスールダール（レンズ豆）かトゥールダールで。

材料 （4人分）

マスールダール（レンズ豆の皮なし）… 1カップ

A｜ターメリック … 小さじ⅓
　｜油 … 少々

テンパリング
　ブラウンマスタードシード … 小さじ½
　ヒーング … 小さじ⅙
　赤唐辛子 … 2本
　にんにく（みじん切り）… 小さじ½
　トマト（1cmの角切り）… ½個
　カレーリーフ（省略可）… 12枚
　油 … 大さじ2

レッドペッパーパウダー … 小さじ¼
塩 … 小さじ1½
砂糖 … 小さじ½
ココナッツミルク … 大さじ2
　（またはパウダー大さじ1強を湯大さじ2で溶く）

作り方

1　マスールダールは洗って鍋に入れ、水3カップとAを加えてさっと混ぜ、15分おいて火にかける。豆が指でつぶせるぐらいの固さになるまで約20分ゆでる。水分が少ないようなら、好みの濃度に水（150〜200㎖）を足す。

2　仕上げにテンパリングをする。フライパンに油を熱し、マスタードシードからカレーリーフまで上から順に加え、香りが立ち、にんにくとトマトに火が通ったら、油ごと1の鍋に加えて混ぜ合わせる。

3　レッドペッパーパウダーは水少々で溶いて加え、塩、砂糖を加えて味を調え、ココナッツミルクを加えて混ぜる。

スパイスのほかに、にんにくやトマトも加えてテンパリングする。

タマータル・カ・カトゥ

トマトのグレイビーカレー

テランガーナ州の州都、ハイダラーバードの有名な
一品です。ベーサン（ひよこ豆の粉）でとろみをつ
けた赤いソース状のカレーで、カレーリーフの香り
やタマリンドの酸味がアクセント。栄養があり消化
にもいいので、ラマダン明けにも食べられているそ
うです。固ゆで卵は好みですが、よく合います。

材料（4人分）

完熟トマト … 600g
ベーサン（ひよこ豆の粉）… 大さじ1½
A┤にんにく（すりおろす）… 1片
　├しょうが（すりおろす）… 1かけ
　├クミンパウダー … 小さじ1
　└カレーリーフ（省略可）… 10枚
フェヌグリークシード … 小さじ½
玉ねぎ（2〜3cm長さの薄切り）… 120g
B┤にんにく（すりおろす）… 1½片
　└しょうが（すりおろす）… 1½かけ
塩 … 小さじ1½
ターメリック … 小さじ⅓

レッドペッパーパウダー … 小さじ⅔
パプリカパウダー … 小さじ1
油 … 大さじ3
テンパリング
　フェヌグリークシード … 小さじ¼
　ブラウンマスタードシード … 小さじ½
　カレーリーフ（省略可）… 10枚
　油 … 大さじ1
タマリンドペースト（タマリンド30gをぬるま湯大さじ3
　で溶く。p9参照）… 大さじ3
砂糖 … 小さじ1
固ゆで卵 … 4個

作 り 方

トマトは半分に切って鍋に入れ、水500㎖とAを加えて火にかけ、煮立ったら弱火にして約20分煮る。粗熱がとれたら、フードプロセッサー（またはミキサー）にかけてピュレ状にする。

ベーサンは焦がさないようにから煎りする。

香ばしく色づいてきたら、水80㎖を加え、ダマにならないように泡立て器で混ぜながら火にかけて溶く。

鍋に油とフェヌグリークシードを入れてから弱火にかけ、甘い香りが出るまで混ぜながらじっくり炒める。玉ねぎを加えてしんなりするまで5分炒めたら、Bを加えてさらに2分炒める。

塩、ターメリック、レッドペッパーパウダー、パプリカパウダーの順に加えながら約3分炒める。途中、焦げそうになったら少量の水（約小さじ1）を足しながら炒めてもよい。

1のトマトピュレと、3を混ぜる。

6を5に加え、ふたをしてときどき混ぜながら、とろみが出るまで弱火で約20分煮る。

仕上げにテンパリングをする。フライパンに油を熱し、フェヌグリークシード、マスタードシード、カレーリーフを順に加え、香りが立ち色づいてきたら、油ごと7に加えて混ぜる。タマリンドペーストと砂糖を加えてよく混ぜる。器に盛り、半分に切った固ゆで卵を入れる。

ケーララ式
ベジタブルシチュー

ケーララ州の西、マラバール海岸のエリアは古くからキリスト教が布教された土地。この地域には西洋のシチューがココナッツミルクと出合って生まれた料理があります。黒こしょうと青唐辛子を使った、ピリリとしたメリハリのある味わいです。野菜はいんげんやグリーンピースなどを使っても。ライスなどにかけていただきます。

材料（4人分）

じゃがいも … 200 g
にんじん … ⅓本
カリフラワー … 200 g
玉ねぎ … 100 g
しょうが … 1かけ
青唐辛子 … 2本
クローブ（ホール）… 3個
カシアシナモン … 3 cm
ブラックペッパー（ホールをつぶす）… 小さじ1
コーンフラワー（または米粉）… 小さじ2
ココナッツファイン … ¼カップ
ココナッツミルク …½カップ
　（またはパウダー大さじ4を湯大さじ6で溶く）
牛乳 … 80 ㎖
塩 … 小さじ⅔
油 … 大さじ2
テンパリング
　ブラウンマスタードシード … 小さじ½
　カレーリーフ（省略可）… 8 〜 10枚
　玉ねぎ（2 〜 3 cm長さの薄切り）… 大さじ1
　油 … 大さじ1
　ココナッツオイル … 小さじ2

作り方

1 じゃがいもは1.5 cm角に切りにんじんは1 cm角に切る。カリフラワーは小房に分ける。玉ねぎは2 cm角に切り、しょうがは太めのせん切りにし、青唐辛子は小口切りにする。

2 鍋に油とクローブ、シナモンを入れて弱火にかけ、油にゆっくりと香りを移す。

3 玉ねぎ、しょうが、青唐辛子を加えて炒め、玉ねぎが透き通ってきたら、いったんボウルに取り出す。

4 3の鍋に油小さじ2（分量外）を足し、コーンフラワーを入れてダマにならないように練り混ぜながら、焦がさないようによく炒める。

5 じゃがいも、にんじん、カリフラワーを加えてからめるように5分炒める。

6 ココナッツファインとブラックペッパーを加えて弱火で炒め、ココナッツミルク、牛乳、塩を加え、ふたをして弱火で煮る。野菜に火が通ったら、3をもどし入れ、水100 〜 120 ㎖を加えて濃度を調節しながら煮る。

7 仕上げにテンパリングをする。フライパンに油とココナッツオイルを熱し、マスタードシード、カレーリーフ、玉ねぎを順に加えて熱し、香りが立ち色づいてきたら、油ごと6に加えて混ぜ合わせる。（p11参照）

マラバールのえびカレー

ケーララ州のマラバール海岸地方で食べられているカレーです。ココナッツミルクにえびのうまみがなじみ、カレーリーフが香る、南インドらしい一皿です。短時間で簡単にできる料理ですが、味は保証つき。現地ではポロタというパイのように層になったパンと一緒に食べることが多いので、代わりにやや甘みのあるパンを添えてもいいでしょう。

材料 （4人分）
えび（殻つき）… 12〜16尾
玉ねぎ（2〜3cm長さの薄切り）… 1個
しょうが（3mm幅のせん切り）… 2かけ
青唐辛子（小口切り）… 2本
トマト（ざく切り）… 1個
ブラウンマスタードシード … 小さじ⅔
カレーリーフ（省略可）… 12枚
ターメリック … 小さじ½
ココナッツミルク … 1カップ
　（またはパウダー大さじ8を湯150mlで溶く）
塩 … 小さじ⅔
ココナッツオイル … 50ml

ケーララ州の伝統漁、
チャイニーズフィッシングネット。

作り方

えびは尾を残して殻をむき、背に深く切れ目を入れて背わたを取る。水2カップにターメリック小さじ⅓（分量外）を混ぜたものでよく洗い、ざるに上げて水気をきる。

鍋にココナッツオイルを熱し、マスタードシード、カレーリーフを順に入れ、マスタードシードがはじけたら玉ねぎを加えて炒める。しょうが、青唐辛子を加えてさらに炒める。

ターメリックを加え、玉ねぎが色づくまで炒めたら、トマトを加えて1分炒める。

ココナッツミルクと水50mlを加え、さらさらの濃度にする。

煮立ったら、1のえびを加えてさっと煮る。塩で味を調え、えびに火が通ったらでき上がり。

チェッティナードゥ・チキンコランブ

チェッティナードゥ式チキンカレー

スパイスをふんだんに使うチェッティナードゥ料理の大きな特徴を納得していただけるレシピです。スパイスを計量して並べると、あまりの量に驚くほど。使い過ぎは品がなくなるのでは、という心配をよそに、魔法のようになんとも高貴な味にまとまり、食べたときに鼻腔から抜ける刺激に驚かれることでしょう。必ず強火でぼこぼこと煮立ったまま煮詰めてください。

材料（4人分）

鶏もも肉 … 400g
トマト（ざく切り）… 100g
玉ねぎ（2cmの角切り）… 100g
ペースト用
　ブラックペッパー（ホール）… 大さじ1
　フェンネルシード … 大さじ1
　クミンシード … 大さじ½
　コリアンダーシード … 小さじ2
　レッドペッパーパウダー … 小さじ½
　玉ねぎ（薄切り）… 50g
　にんにく（薄切り）… 2片
セイロンシナモン … 3cm
フェンネルシード … 小さじ½
ターメリック … 小さじ½
塩 … 小さじ1
油 … 大さじ2
A　ココナッツミルク … 大さじ2
　　（またはパウダー大さじ1強を湯大さじ2で溶く）
　　水 … 1カップ

息をのむほど豪華なチェッティナードゥマンション。

作り方

1 鶏もも肉は皮を除き、大きめのひと口大に切り、酢少々を入れた水で洗う。

2 ペースト用の材料をミルなどで水50mlを足しながらペースト状にする。はじめにホールスパイスを細かくしてから、にんにく、玉ねぎを入れる。

3 深鍋に油とシナモンを入れて弱火にかけ、シナモンの香りが出るまで4〜5分火を通す。
6で強火にかけるときに、かなり飛び散るので、なるべく深い鍋を使う。

4 フェンネルシードを加え、香りが立ってきたら玉ねぎを加えて1分炒める。トマトを加えて1分炒めたら、ターメリック、塩を加えて中火で3分炒める。玉ねぎがしんなりしたら、1の鶏肉を加えて炒める。

5 鶏肉が白っぽくなってきたら、2のペーストを加えて約5分炒める。

6 Aを加え、煮立ったら水½カップを加え、強火でぼこぼこ煮立てながら、ふたをせずに30〜40分煮る。どろりとした濃度になったら火を止める。好みで青唐辛子を飾る。

ラムのキーマカレー

キーマカレーにはいろいろなタイプがありますが、このレシピは南インドらしくココナッツの香りが持ち味です。カスーリーメーティーというイスラーム料理で多用されるハーブが入るあたりがいかにもハイダラーバード風で、イスラームの歴史との繋がりを感じさせます。ラムのほかに、牛肉でも同じように作ることができます。わずかに水分が残る程度のセミドライに仕上げます。

材料（4人分）

ラムかたまり肉（脂を除いたもの）… 400g

A｜ココナッツミルク … 150㎖
　　（またはパウダー大さじ6を湯120㎖で溶く）
　　ターメリック … 小さじ⅔
　　コリアンダーパウダー … 小さじ2
　　クミンパウダー … 小さじ2
　　レッドペッパーパウダー … 小さじ1½
　　塩 … 小さじ1

ブラウンマスタードシード … 小さじ1
カレーリーフ（省略可）… 20枚
カスーリーメーティー … 大さじ1強
ブラックペッパー（パウダー）… 小さじ½
ココナッツミルク（仕上げ用）… 大さじ1
（またはパウダー小さじ2を湯大さじ2で溶く）
油 … 大さじ2

ハイダラーバードのシンボル、
チャールミーナールの前で。

作り方

1 ラム肉は粗く刻み、フードプロセッサーで二度びきする。

2 1をボウルに入れ、Aを加えて手でよく混ぜ込む。

3 鍋に油を熱しマスタードシードを入れて、はじけたらカレーリーフを加え、すぐに2を加えて木べらでほぐしながら炒める。

4 均一に混ざったら、ふたをして弱火で約5分煮る。

5 カスーリーメーティーを手のひらでもみながら加え、ふたをしてさらに2分煮る。

6 ブラックペッパーと、仕上げ用のココナッツミルクを加えて混ぜる。

03

スパイスを
駆使した
肉、魚介、卵料理

ノンベジタリアンの多い地域で育まれた肉
や魚介、卵料理は、カレーリーフをはじめ
とする複数のスパイス使いが決め手。話題
のチキン65や魚のフライなど、スパイス
の効果が実感できるおいしさです。

ケーララのビーフ炒め

クリスチャンの多いケーララ州ならではの料理です。現地では牛肉は安く、肉質も固いのですが、スパイスの力でやわらかく、おいしく仕上げます。圧力鍋にかけるとき、水分を加えないので焦げないか心配になるかもしれませんが、低圧にかければ、素材から出るギリギリの水分で肉がやわらかくなります。豚肉でも作れますが、その場合は脂身の多い部位を使い、調理に使う油の量を減らします。

材料 （4人分）

牛肉（好みの部位）… 600g
A｜ターメリック … 小さじ2
　｜コリアンダーパウダー … 大さじ3
　｜レッドペッパーパウダー … 小さじ1½
　｜フェンネルパウダー … 小さじ2
　｜カルダモン（さやを割り、種だけすりつぶす）… 8個
　｜シナモンパウダー … 小さじ½
　｜クローブ（パウダー）… 小さじ¼
玉ねぎ（2〜3cm長さの薄切り）… 3個
しょうが（せん切り）… 50g
ココナッツファイン … ½カップ
ブラウンマスタードシード … 小さじ1
にんにく（みじん切り）… 30g
カレーリーフ（省略可）… 20枚
塩 … 小さじ1⅓
油 … 100㎖

キリスト教徒が多いケーララ州には
多くの教会がある。

作り方

1 牛肉は1cm厚さ、3cm長さの棒状に切る。よく混ぜたAと玉ねぎの半量、しょうがをまぶす。

2 1を圧力鍋に入れ、上にココナッツファインをふりかける。混ぜずにふたをし、低圧で10分加圧する。（または厚手の鍋に入れ焦がさないように注意しながら、ふたをして弱火で40〜50分煮る）

3 別の鍋に油を熱し、マスタードシードを炒め、にんにくを入れて炒める。にんにくに火が通って香りが出たらカレーリーフを加えてひと混ぜし、残りの玉ねぎを加える。

4 しっかり色がつくまで約15分炒める。

5 2を煮汁ごと加え、塩を加える。やや強火で水分を飛ばすように約5分炒める。水分が飛んでドライな状態になったらでき上がり。

チキン65
ハイダラーバード式
大人気の甘辛フライドチキン

65という数字について、たくさんの由来をもつミステリアスな人気メニュー。タミル発祥といわれていますが、このハイダラーバードスタイルは特にファンが多いようです。ケチャップを使った甘辛い味は、中華料理の影響も考えられます。香ばしく揚げた鶏の皮目を好む方は、皮をつけたまま揚げてもいいでしょう。中華じょうゆがあれば、ぜひ最後にひとたらししてみてください。

材料（4人分）

鶏もも肉 … 600g

A｜卵黄 … 1個分
　｜にんにく（すりおろす）… 1片
　｜しょうが（すりおろす）… 1かけ
　｜コーンスターチ、小麦粉 … 各大さじ1½
　｜ターメリック … 小さじ½
　｜レッドペッパーパウダー … 小さじ⅓
　｜砂糖 … 小さじ½
　｜油 … 大さじ1

にんにく（すりおろす）… 1片
しょうが（すりおろす）… 1かけ
赤唐辛子 … 2本
カレーリーフ（省略可）… 15枚
トマトケチャップ … 大さじ3
ココナッツオイル … 大さじ2

B｜ターメリック … 小さじ½
　｜レッドペッパーパウダー … 小さじ½
　｜ブラックペッパー（パウダー）
　｜　… 小さじ½
　｜フェンネルパウダー … 小さじ⅓
　｜シナモンパウダー … 小さじ¼
　｜メースパウダー … 小さじ⅕
　｜塩 … 小さじ⅓
　｜砂糖 … 小さじ⅔

揚げ油 … 適量

作り方

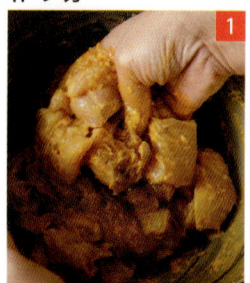

1 鶏肉は皮を取って大きめのひと口大に切り、Aをもみ込む。

2 揚げ油を180℃に熱し、1を入れて、しっかり色づきカリッとするまで揚げる。

3 フライパンにココナッツオイルを溶かし、にんにく、しょうが、赤唐辛子を入れて中火で炒める。よい香りがしてきたら、カレーリーフを加えひと混ぜし、トマトケチャップを加えて炒める。

4 よく混ぜたBを加えて30秒ほど炒めたら、揚げたての2を入れてよくからめる。熱いソースに揚げたての肉をからめるのがポイント。

チキン65の伝説

　料理名が数字という、ちょっと変わったこの料理。数字の由来には65種類の調理工程があるとか、65種類のスパイスを使うとか、いろいろな説がありますが、私がおそらくこれだな、と感じている説は以下のふたつ。

　ひとつは、チェッティナードゥの商人たちが長い航海に出たとき、彼らの食文化である「干し肉」をキッチンに持ち込み、65日間は腐らせずに食べられる調理法として広まったものだという説。もうひとつは、多国籍の船が集まるマドラス（現チェンナイ）の港の食堂での話。そこの品書きはどの国の人にも分かりやすいように、番号で示されていた。そのなかで65番のスパイシーなフライドチキンが人気メニューだった、という説です。

　これは私のとっておきのスパイス料理のロマンのひとつなので、正解を見つけることが大事なのではありません。本書では内陸の都市ハイダラーバードでさらに進化したバージョンのレシピを紹介しました。こうしてまたスパイス料理の歴史が語り継がれるのです。

チキントック
チキンのセミグレイビーカレー

トックはタミル・ナードゥ州の料理で、ピックル（オイル漬け）の仲間。ここではカレーとしてのバージョンをご紹介します。チェッティナードゥならではのおいしいソースをお楽しみください。

材料（4人分）
鶏もも骨つき肉（ぶつ切り）… 600g
ブラウンマスタードシード … 小さじ²⁄₃
にんにく（すりおろす）… 大さじ2
しょうが（すりおろす）… 大さじ2
赤唐辛子 … 2本
玉ねぎ（2〜3cm長さの薄切り）… 200g
トマト（ざく切り）… 250g
ターメリック … 小さじ1½
ガラムマサラ … 小さじ2
ブラックペッパー（パウダー）… 小さじ2
サーンバールパウダー（p33参照）… 小さじ2
塩 … 小さじ1½
カレーリーフ（葉のみちぎる。省略可）… ⅓カップ
油 … 90ml

作り方

1 鍋に油を熱し、マスタードシードを入れてはじけたら、にんにく、しょうが、赤唐辛子を加えて炒める。

2 玉ねぎを加えて5分炒め、トマトを加えてさらに5分炒める。

3 鶏肉を加えて5分炒めたら、ターメリックを加えて炒め、油大さじ2（分量外）を足してさらに5分炒める。

4 ガラムマサラ、ブラックペッパー、サーンバールパウダー、塩を加えて混ぜ、水1カップを加えて30分煮る。最後にカレーリーフを加えて5分煮る。

たっぷりのスパイスと水分を加えて煮込む。

えびトック

チキントック（p54）と同様に、ピックルのレシピを、マイルドなカレーにしてあります。大きなえびを使って豪華なごちそう料理にするもよし、小えびや桜えびを使い、辛くしてもっとしっかり煮て、ノンベジのピックルとしても。

材料（4人分）

えび（殻つき）… 20尾
ブラウンマスタードシード … 小さじ½
玉ねぎ（2〜3㎝長さの薄切り）… 200 g
トマト（ざく切り）… 200 g
にんにく（すりおろす）… 2片
しょうが（すりおろす）… 2かけ
ターメリック … 小さじ1弱
サーンバールパウダー（p33参照）… 大さじ1
塩 … 小さじ1 ½
油 … 大さじ1
カレーリーフ（省略可）… 20枚
ブラックペッパー（パウダー）… 小さじ½
ギー（p37参照）… 150 ㎖

作 り 方

1　えびは尾を残して殻をむき、背に切り込みを入れて背わたを取る。ターメリック少々（分量外）を加えた水でよく洗い、水気をふく。
2　鍋にギーを熱し、マスタードシードを入れてはじけたら玉ねぎを加えて3分炒める。
3　トマトを加えて2分炒め、にんにく、しょうが、ターメリックを加え、トマトをつぶしながら強めの中火で5分炒める。
4　1を加えて混ぜ、ふたをし弱めの中火で3分煮る。
5　サーンバールパウダー、塩、油を加えてさらに煮る。
6　カレーリーフとブラックペッパーを加え、ふたをしてごく弱火で5分煮る。

サーンバールパウダーを加えてさらに煮込む。

タミル式かじきまぐろの
スティックフライ

南インドの海に面する地方は、魚のフライだけでもたくさんのレシピがあります。これはせん切りにしたカレーリーフをたっぷり使い、香りを一緒に楽しむレシピなので、カレーリーフをぜひ手に入れて作ってください。かじきまぐろは、身がくずれにくく失敗がないのでおすすめです。野菜を揚げるときにも応用が利くレシピです。

材料 （4人分）

かじきまぐろ … 4切れ

A ｜ ターメリック … 小さじ2
　　｜ 塩 … 小さじ2
B ｜ カレーリーフ（葉をせん切り）… ½カップ
　　｜ にんにく（すりおろす）… 1片
　　｜ ベーサン（ひよこ豆の粉）… 大さじ6
　　｜ 上新粉 … 大さじ1
　　｜ レモン汁 … 大さじ1
　　｜ レッドペッパーパウダー … 小さじ⅔
　　｜ ターメリック … 小さじ¼
　　｜ 塩 … 小さじ1
ベーサン（仕上げ用）… 大さじ2
揚げ油 … 適量

作り方

1　かじきまぐろは1.5 cm幅のスティック状に切る。よく混ぜたAをまぶしてから水洗いし、ざるに上げ、キッチンペーパーで水気をふく。

2　Bに水適量を混ぜ、ペースト状のころもを作る。1に塗り、仕上げ用のベーサンをまぶす。

3　揚げ油を180℃に熱し、2を入れからりと揚げる。

ひよこ豆の粉、ベーサンをまぶして風味よく揚げる。

バナナの葉の扱い方

　インドでは、定食屋さんや結婚式の席などたくさんの人たちに食事を出す際、使い捨て（インドの宗教観では自然からいただく清浄なもの）ができ、水をはじき色も美しく、片づけも簡単な葉皿が使われることが多いです。そのまま捨てると牛が食べてくれたり土に還ったりで、理にかなった慣習です。北インドでは沙羅双樹の葉を藁で縫いつなげたもの、南から東インドではバナナの葉を使います。

　バナナの葉は、最近はエスニック食材店で買うことができます。インターネットでも手に入ります。葉先の部分はそのまま40〜45センチ程度の長さに切ると1人分に、中央の大きな広い部分は中心の芯で上下に裂き、2枚取ります。

　使う前には洗いますが、直火にかざしてあぶるのが私のおすすめの方法。表の緑が濃い側をガスの火に当てながらゆっくりと動かしていくと、鮮やかな緑色に変わるとともに殺菌効果も抜群。ゆすいだり拭いたりの手間もなし。魚を葉に包んで焼いたり蒸したりの料理を作るときは両面焼くと、葉が柔らかくなり包みやすくなりますが、皿として使うときは表面だけで大丈夫です。

　葉を切るときは芯にちょっとハサミを入れ、後は手で裂きます。芭蕉の葉も見た目はそっくりですから雰囲気を出すには使えますが、芭蕉は焼くと汚い色になってしまいます。

ミーンワルワル
タミル式魚のスパイスフライ

タミル語でミーンは魚、ワルワルはフライのこと。スパイシーに味つけして揚げた魚は、日本人にはたまらない味。さばのほかに、あじやいわしなど青背の魚に向いています。タミルのノンベジの家庭では、ビリヤーニにこのミーンワルワルを添えるのがおいしいとされているそうです。

材料 （4人分）

塩さば（半身）… 2枚

ターメリック … 少々

A │ プレーンヨーグルト … 大さじ2
　│ サーンバールパウダー（p33）… 小さじ2
　│ レッドペッパーパウダー … 小さじ1強
　│ ターメリック … 小さじ1 ½
　│ 塩 … 小さじ1

揚げ油 … 適量

作り方

1　塩さばは半身を半分に切り、皮目に斜め十字に切り目を入れる。ターメリックを加えた水でよく洗い、水気をふく。

2　Aの材料を混ぜ合わせる。1に塗り、1時間おく。

3　揚げ油を180℃に熱し、2を入れて色づくまでしっかり揚げる。

スパイスを混ぜたヨーグルトを塗り、味をなじませる。

たらで作るスラープットゥー
魚のふりかけ

タミル料理で、スラープットゥーのスラー（sura）はさめのこと。現地ではさめで作りますが、日本では手に入りにくいので、でんぶ状にほぐれやすいたらで作ってみました。ほかに、たちうおもおすすめです。ベンガル地方にも似た料理がありますが、日本を含め、米を主食にしている食文化になじみやすく、おいしい料理です。

材料（作りやすい分量）

生たらの切り身 … 5切れ

A｜サーンバールパウダー（p33）… 小さじ 1 ½
　｜ターメリック … 小さじ½
　｜塩 … 小さじ⅔

玉ねぎ（2～3㎝長さの薄切り）… 300g

青唐辛子（小口切り）… 1本

にんにく（すりおろす）… 1 ½片

B｜ターメリック … 小さじ⅓
　｜塩 … 小さじ⅓

香菜（1㎝長さに切る）… ½カップ

油 … 60㎖

作り方

1　たらはひたひたの熱湯でゆで、火が通ったらざるに上げて水気をきる。皮と骨を除いてほぐし、Aを混ぜる。

2　フライパンに油を熱し、玉ねぎ、青唐辛子、にんにくを入れて3分炒め、Bを加えてさらに炒める。

3　玉ねぎが色づいたら、1を加え、油大さじ2（分量外）をまわしかけて、水分をとばしながら弱めの中火で炒める。仕上げに香菜を混ぜ込む。

玉ねぎが茶色く色づいたら、下準備したたらを加える。

アンデー・カ・カーギナー

ゆで卵入りスクランブルエッグ

ハイダラーバードで、「さすがノンベジ文化！」とうなったのがこの料理です。野菜のように卵を使い、スクランブルエッグの具がゆで卵という、ダブルノンベジです。青唐辛子の青臭さがとても合いますが、なければしし唐で代用してください。香菜はぜひ入れてください。香りが違います。

材料（4人分）
固ゆで卵 … 4個
卵 … 4個
A ┌ レッドペッパーパウダー … 小さじ½
　├ コリアンダーパウダー … 小さじ½
　└ 塩 … 小さじ1 ⅓
クミンシード … 小さじ1
玉ねぎ（みじん切り）… 150g
しょうが（みじん切り）… 1かけ
青唐辛子（みじん切り。しし唐でも代用可）… 2本
ターメリック … 小さじ⅔
トマト（ざく切り）… 1個
香菜（粗く刻む）… ½カップ
油 … 大さじ2

作り方

1 ゆで卵は殻をむき、大きめに割る。卵は割りほぐし、Aを混ぜる。

2 フライパンに油を熱し、クミンシードを入れてはじけたら、玉ねぎ、しょうがを加えて炒める。

3 玉ねぎが色づき始めたら、青唐辛子とターメリックを加えてさっと炒め、トマトを加えて炒める。

4 トマトが温まったら、1の卵液を流し入れ、しっかり火を通してスクランブルエッグにし、ゆで卵と香菜を加えて混ぜ合わせる。好みでトマトのチャトニ（p69）を添えていただく。

固ゆでにした卵をくずさないように、手早く合わせる。

04

軽食ティファンと
米料理

ティファンとは、朝食や間食に食べる
軽食のこと。人気ティファンのドーサ
をはじめ、ライスとカレーを層にして
炊き蒸らすチキンビリヤーニなど、グ
ルメ垂涎の本場のレシピをていねいに
再現。ぜひトライしてみてください。

ドーサ
米と豆の生地の薄焼き

日本でも南インド料理として人気のメニュー。ウラドダールはペーストにすると粘る性質があるのを利用して、米のペーストと混ぜて生地を作ります。日本のうるち米はでんぷんが多いので、インディカ米で作ります。南インドでは生地は常温で発酵しますが、日本では真夏以外は工夫が必要です。うまく発酵するとやや酸味のある味のよい生地になります。レストランでは厚い鉄板で大きくパリッと焼きますが、現地でも家庭ではフライパンで小さめに焼くので、ぜひトライしてください。具を巻いたり、サーンバール（p33）やチャトニ（p69）を添えて。

材料 （作りやすい分量。約7〜8枚）

A ┌ インディカ米 … 110g
　│ チャナダール（赤ひよこ豆のひき割り）… 小さじ1
　└ フェヌグリークシード … 小さじ½
ウラドダール（ケツルアズキのひき割り）… 70g
塩 … 小さじ½
油 … 適量

マサラドーサ　ポテトマサラ入りドーサ（左）

ドーサにポテトマサラ（p22）をはさみ、サーンバールや各種チャトニを添えます。ポテトを入れてくるりと巻いたり、三角形にたたんだりしますが、家庭サイズは半分に折るのもポピュラー。また、ドーサの内側にトマトのチャトニ（p69）を塗ってからポテトマサラをはさんだものはマイソールドーサと呼ばれ、ちょっと豪華になります。

ドーサの中央にポテトマサラ
適量をのせ、半分に折る。

同じ生地で

ウータパム
南インド式お好み焼き（右）

ドーサの生地が余ったら、ウータパムというお好み焼きにするのもおすすめ。玉ねぎをたっぷり入れればオニオンウータパム、トマトを入れればトマトウータパムに。ドーサと同様にサーンバールやチャトニを添えていただきます。

ドーサの生地に、紫玉ねぎ、トマト、香菜、しょうが、カレーリーフ各適量を細かく刻んで混ぜ、油を熱したフライパンで両面を焼く。

1 Aはさっと洗い、150 mlの水に6時間浸水させる（左）。ウラドダールはさっと洗い、150 mlの水に6時間浸水させる（右）。

2 1のA を水ごとフードプロセッサーに2分かける。手につけて米粒がわずかにざらっと残る程度にすりつぶす。
この細かい粒感がクリスピーな食感になるので、2分以上は回さない。

3 1のウラドダールは水ごとフードプロセッサーに5〜6分かけ、なめらかなペースト状にする。温まり、発酵が始まると気泡が出てくる。

4 2と3を深い容器に入れ、手でよく混ぜる。下から上に持ち上げては落とし、空気を含ませながら混ぜ合わせる。

5 4にラップをかけ、気温が30℃を超える真夏はそのまま室温に約8時間おき、発酵させる。または5合炊きの炊飯器の内釜に熱湯250 mlを入れ、皿などをおいて湯に直接ふれないようにして容器を入れ、割り箸などをはさんでふたを少し開けた状態で（蒸気がもれるようにして高温にならないようにする）ひもなどでしばり、保温で6〜7時間おき、発酵させる。または大鍋に熱湯を2〜3cm入れ、皿などをおいて容器を入れ、割り箸などをはさんでふたをし、電磁調理器の保温に6〜7時間かけて発酵させる。

6 約1.5倍に泡立ってふくらみ、酸味を感じる香りがすればよい。焼く直前に塩を加えて混ぜる。生地の濃度が濃いときは、水60〜70 mlを足して、様子を見ながらのばしやすい濃度に調節する。

7 玉ねぎ（分量外）を横半分に切りフォークを刺して、油を入れた器に立て、油敷きに使うと香りよく焼ける。

8 鉄製のフライパンを煙が出るまでよく熱し、ぬれぶきんにフライパンの底を当てて温度をいったん下げ、7を使って油を塗り広げる。

9 生地をフライパンの中央にレードル1杯（約100 ml）を流し入れ、底の平らな容器を使い、中心から円を描くように、フライパンに生地を軽く押しつけながら均等に広げる。穴が多少あってもよい。縁がパリパリになるとおいしいので、縁を薄くのばす。

10 生地の上と周囲に油を少量たらして強めの中火で焼く。
よく焼けた鉄の表面に、まずは貼りつけるイメージでのばし、火が通って自然に剥がれてくるようだとうまくゆく。p64参照。

11 縁が乾いて色づき、へらで裏面を見てこんがり焼き目がついていたら、焼き上がり（片面のみ焼いて裏返さない）。半分に折って、皿に盛る。残りも同様に焼く。

ペサラットゥ
緑豆ペーストのドーサ

緑豆は豆の中でもいちばん消化がよく、栄養価の高い皮ごとペーストにして生地を作ります。発酵の必要もなく簡単。とても健康的な料理で、朝食に向いています。焼きすぎると固くなるので注意してください。ココナッツのチャトニ（p69）を添えたり、好みのボディ（p31）をギーと混ぜたものをつけて食べても。

材料（8枚分）

緑豆（皮つき）… 1 ½カップ

米 … ¼カップ

クミンパウダー* … 小さじ1

ヒーング … 小さじ⅛

塩 … 小さじ⅔

油 … 適量

トッピング

　紫玉ねぎ、しょうが、香菜（みじん切り）… 各適量

　青唐辛子（小口切り）… 適量

　ピーナッツボディ（p31）… 適量

*できれば、シードをから煎りし、すり鉢でするか、まな板の上でめん棒で押しつぶす。

ドーサの焼き方のコツ

　ドーサ類の焼き方のコツは、まずフライパンをよく熱しておくこと。次は、それをいったん急激に冷ましてから生地を貼りつけるようにのばすことです。このときに穴が開いてもかまいません。よく熱したフライパンに油をひいてあれば、焼けるに従って縁から色づき、自然に剥がれてきます。のばすときは、家庭ではへらなどを使ってもいいでしょう。薄くのばさず、ふたをして火を通し、やや厚めに焼く場合もあり、セットドーサ、カルドーサなどと呼ばれています。

作り方

1 緑豆と米は洗い、一緒にひと晩浸水させる。

2 1をざるに上げて、もどし汁を取りおく。もどし汁50㎖を加えてフードプロセッサーにかけてなめらかなペースト状にする。生地が固い場合は緑豆のもどし汁を加えて（足すのは150㎖前後を目安に）濃度を調節する。

3 2に、クミンパウダー、ヒーング、塩を加えてよく混ぜる。

4 鉄製のフライパンに油を熱し、3の生地をフライパンの中央にレードル1杯（約100㎖）を流し入れ、底の平らな容器かへらを使い、中心から円を描くように、フライパンに軽く生地を押しつけながら広げる。

5 縁が乾いて色づき、へらで裏面を見てこんがり焼き目がついていたら、焼き上がり（片面のみ焼いて裏返さない）。上にトッピングを均等に散らして半分に折る。

メドゥワダ
ドーナツ形のふんわり豆ペーストフライ

メドゥはソフトな状態のことで、ワダは南インドの揚げたスナックのひとつ。ウラドダールで作ります。ドーナツ形にするのは、火を通りやすくするため。なんとか形作れるくらいのやわらかい生地を、現地では手の平から直接油に落としますが、木べらを使えば簡単。塩を入れると、とたんに生地がゆるくなるので、塩は最後に入れて、すぐに揚げるのがコツです。

材料 （12個分）
ウラドダール（ケツルアズキのひき割り）… 200 g
A ┃ レッドペッパーパウダー … 小さじ⅛
　┃ ベーキングパウダー … 小さじ½
　┃ しょうが（みじん切り）… 1かけ
　┃ 青唐辛子（粗みじん切り）… 1本
　┃ カレーリーフ（粗みじん切り。省略可）… 20枚
　┃ フェンネルシード … 小さじ⅔
B ┃ 玉ねぎ（2〜3 cm長さの薄切り）… 50 g
　┃ 香菜（粗く刻む）… ½カップ
　┃ 塩 … 小さじ1
揚げ油 … 適量

タミル・ナードゥ州、マーマッラプラムの壮大な彫刻「アルジュナの苦行」。

作り方

1 ウラドダールは洗い、倍の水に6時間浸水させて、水気をしっかりきる。
水に長くつけすぎると、でき上がりが油っぽくなるので注意する。

2 1をフードプロセッサーに約5分かけ、なめらかなペースト状にする（フードプロセッサーがまわりにくい場合は、水小さじ1ずつを足しながら様子を見る）。ボウルに取り出し、Aの材料を混ぜる。

3 揚げ油を熱し始める。2にBを加えて混ぜる。
野菜と塩を加えると、水分が出て生地がゆるくなるので、揚げ始める直前に混ぜる。

4 生地を12等分し、直径4 cmほどの平らな丸形にしてから中央に指で穴を開けてドーナツ形に整える。
手に油少々をつけると生地を扱いやすい。

5 油（分量外）を塗った木べらに4をのせ、180 ℃に熱した揚げ油にすべり落とし、香ばしい揚げ色がつくまで揚げる。

パルップワダ
豆ペーストフライ

パルップは豆の意味で、ふんわりさせずに、もっちりとした食感に揚げたワダです。チャナダールは油と相性もよく揚げたときの風味は格別。たんぱく質が多く、栄養価の高いおやつにもなります。固い豆なので浸水時間が少ないと味が出ません。必ず3時間浸水させてください。逆に水につけすぎると油っぽい仕上がりになってしまいます。

材料（12個分）
チャナダール（赤ひよこ豆のひき割り）… 1 ½カップ
にんにく（粗く刻む）… 2片
しょうが（粗く刻む）… 2かけ
A　玉ねぎ（みじん切り）… ¼個
　　青唐辛子（小口切り）… 2本
　　香菜（粗く刻む）… ½カップ
　　カレーリーフ（粗く刻む。省略可）… 20枚
　　フェンネルシード … 小さじ2
　　レッドペッパーパウダー … 小さじ½
　　ヒーング … 小さじ⅙
　　塩… 小さじ1 ½
揚げ油 … 適量

作り方
1　チャナダールはたっぷりの水に3時間浸水させる。ざるに上げて3分おき水気をきる。
2　1を大さじ2だけ取りおき、残りをフードプロセッサーに入れ、にんにく、しょうがを加えてなめらかなペースト状にする（回りにくいが水は足さない）。
3　ボウルに2のペーストとAを入れて混ぜ、長さ約5cmの楕円形に整える。取りおいた2のひよこ豆を表面に少し埋め込んで張りつける。
4　揚げ油を170℃に熱し、3をこんがり揚げる。好みでトマトケチャップやチャトニを添える。

水でもどしたチャナダールを、表面に少し埋め込む。埋め込んだ豆が揚げるとクリスピーに。中はもっちり、外側はカリッとしておいしい。

チャトニ３種

チャトニはインド料理ならではのソースの総称。通常は1種類の素材の味を生かし、辛くて味の濃いものです。甘いタイプもあります。チャツネという言葉もここから世界に広がった名称です。何種類かを用意すれば食事の楽しみが増すアイテム。

トマトのチャトニ

軽食はもちろん、お粥や揚げたスナックにぴったりで、応用範囲の広いチャトニです。

材料 （作りやすい分量）

A｜完熟トマト … 400g
　｜玉ねぎ … 180g
　｜赤唐辛子 … 2～3本
　｜塩 … 小さじ1⅔

B｜ブラウンマスタードシード
　｜　… 小さじ1
　｜ウラドダール（ケツルアズキの
　｜　ひき割り）… 小さじ1
　｜ヒーング … 小さじ½
　｜カレーリーフ（省略可）… 10枚
油 … 70㎖

作り方

1　Aをミキサーにかけてなめらかにする。

2　鍋に油を熱し、Bのマスタードシードからカレーリーフまでを上から順に加えて炒める。

3　香りが出てウラドダールがこんがりしてきたら、1を加えてふたをし、混ぜずに弱火で約12分煮る。

● 冷蔵庫で約1週間保存が可能。冷凍も可。食べるときに温める。

ココナッツのチャトニ

ココナッツのフレッシュで濃厚な味を出すために、チェッティナードゥの知恵を取り入れたレシピです。

材料 （作りやすい分量）

チャナダール（赤ひよこ豆のひき割り）
　… 小さじ2

A｜ココナッツファイン … 1カップ
　｜ココナッツミルク … 150㎖
　｜　（またはパウダー大さじ6を湯120
　｜　㎖で溶く）
　｜レッドペッパーパウダー
　｜　… 小さじ½
　｜青唐辛子（小口切り）… 1本
　｜塩 … 小さじ1

B｜ブラウンマスタードシード
　｜　… 小さじ⅔
　｜ウラドダール（ケツルアズキの
　｜　ひき割り）… 小さじ1
　｜カレーリーフ（省略可）… 10枚
　｜赤唐辛子（ちぎる）… 1本
　｜玉ねぎ（2～3㎝長さの薄切り）
　｜　… 40g
油 … 大さじ3
上新粉 … 小さじ2

作り方

1　チャナダールは油小さじ1（分量外）で炒める。Aと合わせてフードプロセッサーにかけてなめらかにし、ボウルに入れる。

2　鍋に油を熱し、Bを上から順に加えて炒める。

3　玉ねぎが色づき始めたら上新粉を加えてさっと混ぜ、油ごと1に加えてよく混ぜる。

● 冷蔵庫で約5日間保存が可能。食べるときに少し温める。

なすのチャトニ

タミルのブラーミン（宗教的コミュニティー）の中でも伝統食を守っている家庭の絶品チャトニです。

材料 （作りやすい分量）

なす … 5本
タマリンド … 小さじ2
テンパリング
　ヒーング … 小さじ¼
　ブラウンマスタードシード
　　… 小さじ1
　チャナダール（赤ひよこ豆のひき割り）
　　… 小さじ2
　ウラドダール（ケツルアズキのひき割り）
　　… 小さじ2
　カレーリーフ（省略可）… 10枚
　ターメリック … 小さじ⅓
　油 … 大さじ2

A｜塩 … 小さじ⅔
　｜レッドペッパーパウダー
　｜　… 小さじ½

作り方

1　なすは皮ごとよく焼く。皮をむいてへたを取り、大まかにつぶして、ボウルに入れる。

2　タマリンドに水50㎖を加えてよくもみ、ペーストにする（p9参照）。

3　テンパリングをする。フライパンに油を熱してヒーングからターメリックまでを順に加え、豆が色づき始めたら油ごと1にかける。

4　3、A、2をフードプロセッサーにかけてなめらかにする。

● 冷蔵庫で約5日間保存が可能。食べるときに温める。

トマトライス

ココナッツライス

レモンライス

ライス3種

湯取り法で炊くライス

味つけをしないシンプルなライスは、米を多めの湯でパスタのようにゆでこぼす「湯取り法」で炊くのが一般的です。

材料（4人分）

インディカ米…2カップ

作り方

1　米は洗い、15分浸水させ、ざるに上げる。

2　大きめの鍋にたっぷりの湯を沸かし、米を入れる。芯がなくなるまで7〜8分ふたをせずにゆでる。すぐにざるにあけて湯をきる。

3　2を鍋にもどし、ふたをして約15分蒸らす（途中でふたを開けないこと）。

南インドを代表する人気のライス3種です。レモンライスは酸味があって日本人好み。どんな料理にも合います。味がよく、ラーエター（p76）やアチャール（漬け物）などを添えるだけでも食事になるのがトマトライス。ココナッツライスはほんのり甘いココナッツの香りが様々な料理を引き立てます。油分が入る味つきライスは、大人数のパーティなどでは写真のようにカップに詰めてから型抜きして並べておくと、1人分ずつ取り分けやすく、見た目もきれいです。

レモンライス

材料（2人分）
インディカ米 … 1カップ（180g）
A ブラウンマスタードシード … 小さじ⅓
　 チャナダール（赤ひよこ豆のひき割り）… 小さじ2
　 ヒーング … 少々
　 青唐辛子（小口切り）… 1本
　 しょうが（みじん切り）… ½かけ
　 ターメリック … 小さじ¼
　 カレーリーフ（省略可）… 10枚
　 太白ごま油 … 大さじ1½
レモン汁 … 大さじ1
塩 … 小さじ½
トッピング
　 カシューナッツ（バターでカリッと炒める）… 8粒
　 香菜（粗く刻む）… 適量

作り方
1　インディカ米は洗ってざるに上げ、炊飯器の内釜に入れて水2カップを注ぎ、20分浸水させて、普通に炊く。
2　中華鍋に太白ごま油を熱し、Aのマスタードシードからカレーリーフまでを上から順に加えて（チャナダールとヒーングは一緒に加え、青唐辛子、しょうが、ターメリックは一緒に加える）炒め、香りが出たら火を止め、レモン汁と塩を加えて10秒混ぜて、火を止める。
3　炊き上がったご飯を2に入れ、きれいなレモンイエローになるまで米をつぶさないように混ぜ合わせる。
4　3をカップなどで型抜きして器に盛り、カシューナッツと香菜をトッピングする。

ココナッツライス

材料（2人分）
インディカ米 … 1カップ（180g）
ココナッツミルク … 大さじ1
　（またはパウダー小さじ2を湯大さじ2で溶く）
A ココナッツファイン … 大さじ2
　 ココナッツミルク … 大さじ3
　　（またはパウダー大さじ1⅔を湯大さじ3で溶く）
　 しょうが（すりおろす）… ½かけ分
　 塩 … 小さじ½強
　 湯 … 大さじ1
ブラウンマスタードシード … 小さじ⅓

赤唐辛子 … 2本
カレーリーフ（省略可）… 20枚
ココナッツオイル … 小さじ2
香菜（粗く刻む）… 適量
ココナッツロング … 適量

作り方
1　インディカ米は洗ってざるに上げ、炊飯器の内釜に入れて水2カップ、ココナッツミルクを加えてよく混ぜ、20分浸水させて、普通に炊く。
2　Aの材料をボウルに入れ、手でよくもんで混ぜる。
3　中華鍋にココナッツオイルを熱し、マスタードシード、赤唐辛子、2、カレーリーフの順に加えて炒め、火を止める。
4　炊き上がったご飯を3に入れ、米をつぶさないように混ぜ合わせる。カップなどで型抜きして器に盛る。炒めた赤唐辛子や香菜、ココナッツロング をトッピングする。

トマトライス

材料（2人分）
インディカ米 … 1カップ（180g）
A ヒーング … 小さじ¼
　 カルダモン（ホール）… 1個
　 カシアシナモン … 3㎝1本
　 クローブ（ホール）… 3個
　 テージパッター（またはベイリーフ）… 1枚
ギー(p37参照) … 大さじ1
玉ねぎ（みじん切り）… 70g
ターメリック … 小さじ½
トマト（1㎝の角切り）… 1½個
B レッドペッパーパウダー … 小さじ¼
　 塩 … 小さじ1強
C カシューナッツ（刻む）… 20g
　 香菜（粗く刻む）… ¼カップ
　 ココナッツロング（ファイン も可）… ¼カップ

作り方
1　インディカ米は洗い、ざるに上げる。
2　鍋にギーを熱し、Aを上から順に加えて炒め、香りが立ってきたら玉ねぎを加え、弱火で5分炒める。
3　ターメリックを加えてさっと混ぜ、トマト、1の米を加えて約5分炒める。
4　Bを加えて混ぜ、湯350㎖を加えて、煮立ったら弱火にして15分煮る。火を止めて、10分蒸らす。
5　4をカップなどで型抜きして器に盛り、Cをトッピングする。

ハイダラーバード式チキンビリヤーニ
チキンのごちそうご飯

ビリヤーニは、北西インドの地域で貴重品だった米を肉と合わせて、スパイスをふんだんに使って豪華に仕上げた、米とスパイスの芸術品のような料理です。イスラーム文化がこれをハイダラーバードに持ち込み、南インドの質のよい米やスパイスでさらなる工夫を重ね、「ビリヤーニといえばハイダラーバード」とグルメの間で評判を呼ぶまでになりました。これはダムスタイルといって、練った小麦粉の生地で密閉する作り方です。余分な水分を吸ったり飛ばしたりして呼吸させ、圧を作り、香りは中に閉じ込めます。本来は生肉から米と合わせて炊くのがハイダラーバード式ですが、失敗のないように工夫しました。たくさんの技やコツが詰まったレシピですので、ぜひ挑戦してください。

材料（作りやすい分量・約6人分）

鶏骨つきぶつ切り肉
　（もも肉を3等分に切ったもの）… 1kg

香菜（粗く刻む）… 1カップ強

ペパーミント（葉を摘む）… 1カップ

A｜カルダモン（ホール）… 4個
　｜クローブ（ホール）… 4個
　｜カシアシナモン … 3㎝
　｜フェンネルシード … 小さじ1
　｜ブラックペッパー（ホール）… 10粒

　B｜にんにく（すりおろす）… 2片
　　｜しょうが（すりおろす）… 2かけ
　　｜レモン汁 … 1個分
　　｜プレーンヨーグルト … 300㎖
　　｜レッドペッパーパウダー
　　｜　… 小さじ1½
　　｜塩 … 小さじ2½

玉ねぎ（2〜3㎝長さの薄切り）
　… 400g

油 … 220㎖

バスマティ米 … 500g

小麦粉 … 180g

牛乳 … ½カップ

サフラン … 小さじ½

C｜カルダモン（ホール。割れ目を
　｜　入れる）… 4個
　｜クローブ（ホール）… 3個
　｜ベイリーフ … 2枚
　｜カシアシナモン … 5㎝

ギー（p37参照）… 大さじ2

作り方

1 Aの材料をミルなどでパウダー状にし、Bと合わせる。鶏肉は包丁で骨にあたるまで切れ目を3〜4か所に入れる。

2 厚手の鍋に1の鶏肉を入れ、1のスパイスを混ぜたヨーグルト、香菜とミントの半量を手でまぶす。

3 別の鍋に油を熱し、玉ねぎを一度に入れてフライドオニオンを作る。色づいてカリッとしたら2の鍋の上にざるを置き、フライドオニオンを受けながらオニオンの香りのついた油を注ぐ。

4 フライドオニオンは半量を3の鍋に入れてよく混ぜ、2時間おく。

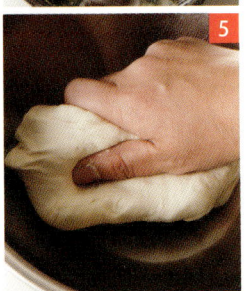

5 バスマティ米はさっと洗って、20分浸水し、ざるに上げる。小麦粉は水90 mℓを加えて、弾力のある固さに生地をこねる。牛乳を温めてサフランを入れ、指でもんで香りを出し、そのまま15分おいて色出しする。

6 4の鍋にふたをして火にかけ、煮立ったらごく弱火にして1時間煮る。途中で焦げないように底から数回混ぜる。

7 肉をくずさないようにそっと混ぜながら20〜30分火にかけて水分を飛ばす。ほぼ水分がなくなったら火を止める。浮いた油をすくって取りおき、鶏肉も取り出す。鍋は洗わずにそのままおく。

8 別の鍋に2ℓの湯を沸かし、Cを加えて弱火で3分煮る。強火にして5の米を加える。さっと混ぜて6分ゆで、ざるにあけて湯をきる。すぐに鍋にもどし、ふたをして約15分蒸らす。上手に炊けると米が立つ。

9 7の鍋に8のご飯の半量強を平らに入れる。5のサフランの半量を牛乳ごと数か所にまだらにふりかける。

10 9の上に7の鶏肉を敷き詰め、残りのご飯を入れる。残りのサフランを牛乳ごとふりかけ、フライドオニオン、ミント、残りの香菜の半量を均一にふる。7で取りおいた油とギーを全体にまわしかける。

11 5の生地を鍋の縁の周囲の長さに伸ばし、縁に張りつける。ふたをのせ、空気が入らないようにすき間なくぴったりつける。強火に3分かけ、その後ごく弱火にして30分火を通す。

12 仕上げに残りの香菜を入れ、さっくりと混ぜる。サフランの色や鶏肉のグレイビーがまだらに混ざっている程度でやめる。ミルチィ・カ・サーランとラーエター（p76）を添えていただく。

ビリヤーニは北西インド発祥の豪華な米料理で、今では世界中で有名です。各地に特徴のある調理スタイルがありますが、これはえびを使った、ココナッツの香るケーララ地方のレシピです。シーフードらしくフェンネルやカルダモンの香りが引き立ち、ミントのさわやかさも手伝って、臭みを感じることなく、えびのおいしさが存分に味わえます。

材料 （作りやすい分量・約6人分）

バスマティ米 … 500g

えび … 24尾

A | レモン汁 … 大さじ1
 | ターメリック … 小さじ½
 | 塩 … 小さじ1

B | にんにく（すりおろす）… 3片
 | しょうが（すりおろす）… 2かけ

ケーララ式えびのビリヤーニ

赤唐辛子 … 2本
　　フェンネルシード … 小さじ1½
　　ココナッツファイン … 大さじ2
　　ココナッツミルク … 70㎖
　　（またはパウダー大さじ2⅔を湯大さじ4で溶く）
玉ねぎ（2〜3㎝長さの薄切り）… 300g
カレーリーフ（省略可）… ひとつかみ
塩 … 小さじ2½
レモン汁 … 大さじ1½
プレーンヨーグルト … 大さじ2
ココナッツオイル、油 … 各50㎖
C　ギー（p37参照）… 大さじ1
　　ベイリーフ … 2枚
　　カルダモン（ホール。割れ目を入れる）… 3個
　　カシアシナモン … 3㎝2枚
　　ブラックペッパー（ホール）… 15粒
　　ココナッツミルク … ½カップ
　　（またはパウダー大さじ4を湯大さじ6で溶く）
　　塩 … 小さじ2
D　ギー … 小さじ2
　　レモン汁 … 小さじ2
　　香菜、ミントの葉（粗くちぎる）… 各1カップ

作り方

えびは殻をむき、背に切り込みを入れて背わたを取る。Aを混ぜたひたひたの水に10分つけ、ざるに上げて水気をきる。バスマティ米は洗い、ざるに上げる。

Bをミルやすり鉢などですりつぶし、ペースト状にする。回りにくいときは水50㎖を足す。

鍋にココナッツオイルと油を熱し、玉ねぎを入れてあめ色になるまで炒め、カレーリーフ、2、塩を加えて5分炒める。

えびを加えて3分炒めたら、レモン汁とヨーグルトを加えて2分炒める。

別の鍋に1.5ℓの湯を沸かしてCを入れ、煮立ったら1の米を加え、ふたをせずに6分ゆでる。

すぐにざるにあけて湯をきり、再び鍋にもどし、ふたをして約15分蒸らす。ふたは絶対に開けないこと。上手に炊けると米が立つ。

別の鍋に油（分量外）を薄く敷き、6を半量入れ、4をすべて入れる。

残りの米を上にかぶせるように入れ、上にDをふり、ふたをして、蒸気がもれないように缶詰などをのせて重しをし、ごく弱火で10分火を通す。

鍋底から返すように、全体をさっくりと混ぜ合わせる。混ぜすぎないように、まだらな状態で止める。ラーエター（p76）を添えていただく。

ミルチィ・カ・サーラン
青唐辛子のカレー

ハイダラーバードのビリヤーニの特徴として、サーラン（カレー）とラーエターを添え、混ぜていただきます。特に青唐辛子を具にしたサーランがポピュラー。このレシピはナッツとごまをたっぷり使うため辛さがマイルドになり、ビリヤーニの味を引き立てます。

材料 （作りやすい分量）

ピーナッツ … 80g

白煎りごま … 30g

コリアンダーシード … 大さじ2

タマリンドペースト（タマリンド40g をぬるま湯1カップで溶く。p9参照）… 1カップ

A ┃ ブラウンマスタードシード … 小さじ⅔
　┃ クミンシード … 小さじ⅔
　┃ 赤唐辛子 … 4本

青唐辛子（縦半分に切る）… 5本

カレーリーフ（省略可）… 20枚

ターメリック … 小さじ½

塩 … 小さじ2

黒砂糖 … 小さじ½

太白ごま油 … 大さじ1

作り方

1 ピーナッツはから煎りして皮をむき、ミルなどでパウダー状にする。白ごまも煎り、すり鉢でする。コリアンダーシードも煎り、パウダー状にする。

2 鍋に1とタマリンドペーストを入れて混ぜ、水2カップを加えて火にかける。煮立ったら弱火で10分煮る。

3 フライパンに太白ごま油を熱し、Aを上から順に加えて炒める。青唐辛子を加えて2分炒め、カレーリーフ、ターメリックを加えて混ぜる。

4 2の鍋に3を油ごと加えてよく混ぜ、塩、黒砂糖で味を調える。

ビリヤーニ用ラーエター
ヨーグルトのサイドディッシュ

ラーエターはインド料理独特のサイドディッシュ。単品ではなく混ぜて食べるためのアイテムで、特にビリヤーニには必ず添えます。私はビリヤーニ用のラーエターは、やや水分多め、具はきゅうりや玉ねぎくらいで、わずかに歯触りを添えるべく細かく切るのが最上と考えています。

材料 （6人分）

紫玉ねぎ … ¼個

きゅうり … ½本

プレーンヨーグルト … 350ml

塩 … 小さじ⅔

砂糖 … 小さじ⅓

レッドペッパーパウダー … ふたつまみ

クミンパウダー* … 小さじ⅔

香菜（粗く刻む）… 大さじ1

＊シードをから煎りし、すり鉢でするか、まな板の上でめん棒で押しつぶす。

作り方

1 紫玉ねぎはみじん切りにし、皿に広げて15分おく。きゅうりは5mm角に切る。

2 ボウルにヨーグルトと水150mlを入れて泡立て器でよく混ぜ、塩、砂糖、レッドペッパー、クミンパウダーを混ぜる。紫玉ねぎ（飾り分を残す）ときゅうりを加えて、器に盛る。

3 香菜と残りの紫玉ねぎをトッピングし、食べるときにもう一度よく混ぜる。

05 ほっとする甘さ、スイーツ&ドリンク

スイーツであってもドリンクであっても歴史のストーリーがあり、健康
への秘密があるのがインドの素晴らしいところです。ぜひ紹介したい飲
み物2品と、甘すぎるだけではない納得の味を厳選してご紹介します。

クバーニー・カ・ミーター
あんずの甘煮

あんずを甘く煮るだけですが、ハイダラーバードの伝統料理
で、結婚式やパーティーで供されることが多いスイーツです。
生のあんずがあったら皮をむいて種を取り、同様に煮てくだ
さい。セミドライのソフトなあんずならそのまま煮ることが
できますが、固く干したものはひと晩水につけてください。

材料 （4人分）
セミドライアプリコット … 20個（約170g）
水 … 250 ㎖
砂糖 … 大さじ3 ½
作り方
1 鍋にアプリコット、分量の水、砂糖を入れて火にかけ
る。
2 煮立ったらふたをして弱火にし、やや水分が残るくらい
まで約20分煮る。

スチームドバナナ

バナナを使うスイーツはいろいろありますが、これは西洋と
交易の多かったケーララ州のクリスチャンの家庭に伝わるレ
シピです。キャラメルを作り、それをオレンジジュースで溶
かしてバナナにからめます。カルダモンの香りがさわやか。

材料 （作りやすい分量）
バナナ … 3本
砂糖 … 60g
水 … 大さじ2
オレンジジュース … ½カップ
カルダモン（さやから種を出し、中身をほぐす）… 2個
作り方
1 バナナは1本を3等分の長さに切る。
2 鍋に砂糖を入れ強火にかける。大きな泡が立ち、泡が収
まって色が濃いキャラメル色になったら水を加えてひと
混ぜする（焦げやすいので、砂糖に色がつき始めたら目を離
さないように。水を加えるとき、はねるので注意する）。
3 2にバナナを入れ、オレンジジュース、カルダモンを加
え、煮汁をまわしかけながら強火で3〜5分煮る。器に
盛り、好みでミントを飾る。

バターミルク

本来は、バターを作るときに分離した水分から作る、インドで広く飲まれている健康ドリンクです。食後に飲むことで消化を助け、カレーと一緒にライスにかけることもあります。インドでは市販もされていますが、日本ではヨーグルトを希釈したもので代用します。アーユルヴェーダ的にはヨーグルトはそのままでは消化によくない食品ですが、希釈すると消化を助けます。

材料（2人分）
プレーンヨーグルト … ¼カップ
A｜ブラックペッパー（パウダー）
　　 … ふたつまみ
　｜クミンパウダー … ふたつまみ
　｜塩 … 小さじ⅓
テンパリング
　ブラウンマスタードシード
　　 … 小さじ⅛
　クミンシード … 小さじ⅙
　しょうが（みじん切り）…½かけ
　ターメリック … ひとつまみ
　カレーリーフ（省略可）… 4枚
　香菜 … 少々
　油 … 小さじ1強
＊シードをから煎りし、すり鉢でするか、まな板の上でめん棒で押しつぶす。

作り方
1　ヨーグルトに水1カップを加えてよく混ぜ、Aを加えてさらに混ぜ合わせる。
2　テンパリングする。フライパンに油を熱し、マスタードシードから香菜までを上から順に加えて炒め、油ごと1に加える。
3　2をミキサーにかける。

カヴニアリシ
黒米のスイーツ

黒米は古代米の一種で、自然食品店などで手に入ります。これはタミルのレシピで、圧力鍋で蒸すとプチッとした食感が得られます。米を蒸しさえすれ

ば、後は材料を混ぜるだけ。混ぜるうちにどんどんとろみがついて固まってきます。砂糖はぜひ黒砂糖で。でき上がりのコクがまったく違います。

材料（作りやすい分量）
黒米 … ½カップ
A｜ココナッツファイン … ⅓カップ
　｜ココナッツミルク … 大さじ2
　｜（またはパウダー大さじ1強を湯大
　｜さじ2で溶く）
黒砂糖（パウダー）…⅓カップ
カルダモン（パウダー）… 小さじ1
ココナッツロング … 適量

作り方
1　ステンレスのボウルに黒米と水1½カップを入れ、ひと晩浸水させる。
2　圧力鍋に水を3〜4cm注ぎ、1をボウルごと入れ、ふたをして12分加圧する。
3　Aを合わせてよくもみ、しっとりとさせる。
4　2に黒砂糖、カルダモン、3を加えて混ぜる。器に盛り、ココナッツロングを飾る。

ライスパーヤーサム
米とココナッツの汁粉

日本のお汁粉のようなスイーツで、豆や米、ときにはジャックフルーツを入れるなど、いろいろな具材で食べられています。これはバナナを隠し味に使った、誰にでも好まれる味です。

材料（4人分）
バナナ … 1本
カシューナッツ … 12個
牛乳 … 2カップ
ココナッツファイン …¼カップ
ココナッツミルク … ½カップ
（またはパウダー大さじ4を湯大さじ6で溶く）
砂糖 … ½カップ
米粉 … ¼カップ
カルダモン（パウダー）… 小さじ⅔

ギー（p37参照）… 大さじ2 ⅔

作り方
1　バナナはマッシャーなどでなめらかにつぶす。
2　カシューナッツは、ギー小さじ2でカリッと炒める。
3　牛乳は弱火で半量になるまで焦がさないように煮詰める。
4　ココナッツファイン、ココナッツミルク、砂糖を加えてよく混ぜ、米粉を加え、泡立て器でダマにならないようにしっかり混ぜながら約3分火を通す。
5　カルダモン、ギー大さじ2、1のバナナを加えて混ぜる。器に盛り、2をトッピングする。

チェッティナードゥコーヒー

インドというと紅茶のイメージがありますが、南インドはスリランカと共に古くはコーヒー豆の名産地だったこともあり、コーヒーも人気があります。牛乳を半分になるまで煮詰めてから、デコクションと呼ばれる濃くいれたコーヒーと合わせるのがチェッティナードゥ流。専用のステンレスカップと深いソーサーの間を行き来させて泡立てる様子は、日本の南インド料理店でも見ることができるようになりました。

材料（1人分）
コーヒーパウダー（深煎り）
　 … 大さじ1強
熱湯 … 150㎖
牛乳 … 1 ½カップ
砂糖 … 適量

作り方
1　コーヒーパウダーをフィルターに入れて熱湯を注ぐ。コーヒーが熱いうちに砂糖を好みの量加えて溶かす。
2　鍋に牛乳を入れて火にかけ、弱火で半量近くまで煮詰める。
3　1を加えて火にかけ、再び煮立ったらでき上がり。好みで泡立てていただく。

バターミルク　ライスパーヤーサム

カヴニアリシ　チェッティナードゥコーヒー

謝 辞　Acknowledgements

南インドでの料理修業でご指導いただいた、次の四人の
尊敬する料理研究家の方々に、心からの感謝を捧げます。

I would like to express my deepest gratitude to the
following regional cuisine authorities for their guidance
during my culinary research in South India.

Mrs.Viji Varadarajan
Author of *Vegetarian Delicacies
From South India*

Ms.Visalakshi Ramaswamy
Author of *The Chettinad Cookbook*

Mrs.Pratibha Karan
Author of *Biryani*

Mrs.Thressi John Kottukapally
Author of *Kerala Syrian
Christian Favourites*

また、以下の方々にも多大なるご協力をいただき
ました。ありがとうございました。

A special thanks is extended to
Ms. Akemi Y. Purushotham,
Prof. Yamada Keiko,
Mrs. Yasuko Malhotra,
Dr.&Mrs. Shreekantha Undaru,
Mrs. Mami Davis,
Mrs. Jayanthi Ravi.

◎ 香取 薫
（かとり　かおる）

1962年、東京に生まれる。イ
ンド・スパイス料理研究家。
キッチンスタジオ ペイズリー
主宰。1985 年、ボランティア
で訪れたインドでスパイス料
理に魅せられ、本格的に研究
を始める。ポリシーは、日本
の気候や日本人の味覚に合う
健康的なスパイス使い。スパ
イスの普及と、インドおよびスリランカの文化や料理の紹
介に精力的に取り組んでいる。著書に『家庭で作れる　東
西南北の伝統インド料理』『家庭で作れる スリランカのカ
レーとスパイス料理』（以上河出書房新社）、『５つのスパ
イスだけで作れる！　はじめてのインド家庭料理』（講談
社）、『薫るスパイスレシピ』（山と溪谷社）、『本格カレー
とビリヤニ最速レシピ』（主婦と生活社）、『アーユルヴェ
ーダ食事法 理論とレシピ──食事で変わる心と体』（佐藤
真紀子との共著、径書房）など多数。
キッチンスタジオ ペイズリー　https://www.curry-spice.jp/

撮影／澤木央子
装丁／釜内由紀江（GRiD）
本文デザイン／石井眞知子（株式会社グラフマーケット）
スタイリング／中安章子
調理アシスタント／太田良子　古積由美子　田口竜基
取材・構成／内田加寿子

家庭で作れる
南インドのカレーとスパイス料理

2015年7月30日　初版発行
2025年4月20日　新装版初版印刷
2025年4月30日　新装版初版発行

著　者◎香取薫
発行者◎小野寺優
発行所◎株式会社河出書房新社
　　　　〒162-8544
　　　　東京都新宿区東五軒町2-13
　　　　電話　03-3404-1201（営業）
　　　　　　　03-3404-8611（編集）
　　　　https://www.kawade.co.jp/
印刷・製本◎三松堂株式会社

Printed in Japan
ISBN 978-4-309-29488-9